生きるための経済学

〈選択の自由〉からの脱却

安冨 歩

Yasutomi Ayumu

1107

NHK BOOKS

NHK出版【刊】

Printed in Japan
［図版製作］原　清人
［協力］酒井清一（白鳳社）
［本文組版］海象社／天龍社

◉

生きるための経済学――〈選択の自由〉からの脱却【目次】

序章●市場の正体――シジョウからイチバへ

二つの「市場」

日本語では、「市場」と書いて、これを「イチバ」と読む場合と、「シジョウ」と読む場合がある。両者は同じ漢字でも意味が違っている。経済学者の間宮陽介は『市場社会の思想史』の冒頭で「イチバ」と「シジョウ」との違いに論及し、「イチバ」が具体的な場所を指すのに対して、「シジョウ」は抽象的で場所性も希薄になっているとしつつ、次のように主張した。

経済学という学問が生まれるのは、目に見えるイチバ＝市場の背後に目に見えないシジョウ＝市場の仕組みや成立ちを体系的に考察し始めるときである。（間宮陽介、『市場社会の思想史』、二頁）

そしてこのような形でシジョウを考察した最初の人物が、経済学の始祖たるアダム・スミスであるとする。

現代では現実世界においてさえも、市場が場所性を失いつつあるように見える。私が子どものころには近所に、魚屋、洋品屋、花屋、豆腐屋、揚げ物屋、果物屋、八百屋などが狭い路地の両脇にぎっしりならんでいて、賑やかに売り買いが行われている一角があった。そこで、必要なものをおしゃべりしながら買いものするのが当たり前であった。これは大正から昭和初期（一九二〇年代）に全国で政策的に作られた「公設市場」であるが、そういった市場は急激に減少した。かわりに興隆を極めつつあるのは、どこにあるのかわからない、インターネット上の市場である。

とはいえ、現在の東京の街中でも、まだこういう公設市場がまれに残っている場所がある。入ってみると昔の雰囲気が維持されており、ついでに値段まで一九七〇年代価格であったりする。こういう施設は「イチバ」であって「シジョウ」ではない。

このような小規模なものばかりではなく、たとえば、東京の名所の一つ「築地」を考えてみてもよい。築地は、けっして不効率な前近代的市場ではない。それどころか、魚介類市場のなかで圧倒的な地位を誇る、世界最大の巨大な取引所である。

しかしその運営は、築地に生きることを誇りとする多くの商人の人間関係の上に構築された、精妙な慣行・制度によって行われている。アメリカの人類学者テオドル・ベスターは、築地に一七年間にわたって通い詰めて深い調査を行い、その運営が日本社会の特質と密接に結びつく形できわめて公正かつ効率的に行われていることを実証した。

築地のせりは電光石火のスピードで進んでいく。せり人のしゃがれた怒鳴り声と、感情を表に出さない買い手の無言の手やりとで秘密裏に交わされるのである。……彼らはあのがなり声でほんの一、二分の間に一ダースもの品を売りさばくことができ、その速さときたら素人目にはどの荷を誰がいくらでせり落としたのかわからないくらいだ。勢いよく飛び出す隠語、曖昧な手の振り、すばやくほとんどそれとわからない身振り。これら全てが売呼値や買呼値を表し、一瞬で取引が終わるのである。……一日のせりが終わる午前七時か七時半には重さにしてだいたい二三〇万キロ、金額にして約二一億円相当の水産物が競合入札という方法で売り渡されていることになる。（ベスター、『築地』、三一六〜三一七頁）

築地は、一七世紀初頭に造られ、関東大震災で壊滅した日本橋魚河岸の伝統と文化とを継承する存在であり、「市場の人々は、いにしえの東京下町の町人文化を受け継ぐ者であることを自認している。……親方・下働き・家族・友人・顧客をつなぐ開放的な心の絆、そして、小さな家族企業を中心に回っている。家と仕事場は同じと言ってもよく、そこでは、男ばかりでなく女も、血縁関係と生産行為に関して社会的・経済的な釣り合いを取るという煩雑な仕事をこなしている」(1)。この意味で、築地市場は「ツキジシジョウ」と呼ばれているが、「シジョウ」ではなく「イチバ」である。

イチバとしての為替市場

一方、新聞やテレビで報道されているように、銀行同士のあいだでは日々、外国為替のやりとりが行われて、円と外貨との相場が時々刻々と決められている。こういうものを外国為替「市場」というが、これは「イチバ」ではなくて「シジョウ」と読むのが普通である。外国為替市場のような近代的価格決定機構は、間違いなく経済学の教科書に出ている「市場」の代表と見てよいように思える。

しかし、外国為替シジョウの実情を少しばかり覗《のぞ》くと、築地とどの程度違うのか、たちまちわからなくなる。外国為替の売買は、日本中の多くの銀行が顧客向けに行う売買をとりまとめ、それを持ち寄って銀行同士で売買している。銀行同士の売買は、地域によってやり方が違っている。ヨーロッパ諸国では、取引所を作って一ヵ所に集まって行なっているところが多い。東京、ロンドン、ニューヨークなどは、特定の取引所を持たず、ブローカーを通じるかあるいは銀行同士直接に取引するという方法をとっている。誰を取引相手として認めるか、どのようなやり方で売買するか、どうやって決済するか、などは、好きかってにやっているのではなく、複雑な慣行や制度によって維持されている。この慣行や制度は、長い歴史のなかで文化的経緯によって生成されたものである。

では、東京外国為替市場の具体的な取引は、どうやって行われているのか。ある東京のブローカーがネット上で公開しているビデオを見ると、何やら狭い部屋で人々が車座になっており、身振り手振りを交えながら、

キュウナナ、カイ、ジュウナナホン
キュウナナ、カイ、ジュウナナホン

という呪文を連呼している場面が見える。(2) 説明文によると、この呪文は「一二九円九七銭で、一七〇〇万ドルの買い注文が入った」という意味らしい。こうやって符丁を使いながら為替を売り買いしている姿は、築地のセリとそれほど違っているようには見えない。とすればこれもまた、外国為替イチバであるように見える。

あまりに人間的な土地バブル

「シジョウ」という言葉には、他の用法もある。たとえば「日本の金融ビジネスの市場規模」という言葉を考えよう。このときの「市場」はシジョウと読む。どこかの企業で新商品の企画をしていて、上司が部下に「この商品の市場規模はどのくらいと予想されるか報告せよ」と命令するときに「イチバ」規模と言ったら陰で笑われる。

しかし、ではその「シジョウ」規模とやらを形成している金融ビジネスの現場がどういうものか見てみると、抽象的な経済人の登場する余地などまったくないような、生身の人間の世界である。

私は大学卒業後、銀行員として二年半ほど勤務した経験がある。最初は現金・手形・書類などの物資運搬のための単純労働力としてとり扱われ、次に預金や為替の下働きをやった。そのあとで外国為替や融資の事務をやって、最後に外交（訪問営業）に放り出されるのが、新人銀行員の最初の二、三年の運命であった。

外交員になると、「毎月いくらいくらの定期預金をとってこい」とノルマを課される。お金を持っていそうなところに愛想笑いを浮かべて毎日お願いに行ったり、いろいろと顧客の便宜をはかってお礼に貯金してもらったり、あるいは定期預金をおろそうとしているお客さんのところに飛んでいって、「なんとか解約しないでください、よその銀行にある貯金をおろしてください」と泣きついたり、というじつに情けない日々であった。こうやって義理人情べったりの取引が展開される世界は、どこからどう見てもイチバであってシジョウではない。

そして私は、人間のコミュニケーションのあり方が、経済活動に直接大きな影響を与える場面に身を置くことになった。いわゆる「バブル」の発生過程に新米銀行員としてかかわったのである。当時、金融自由化を前にして銀行経営者は無用なおびえを抱き、なぜか爆発的に経営規模を拡大し、巨大な利益を挙げなければ事業が成り立たなくなる、という奇妙な思い込みにとりつかれた。彼らは、私たち一般の銀行員に従来の何倍という水準の達成不能なノルマを押しつけ、現場のコミュニケーションを窒息させた。私が働いていた銀行は、もともと軍隊のような不条理な会社であることで有名であったが、この度外れて理不尽な要求は、その非人間的側面を一挙に拡大した。

この理不尽なノルマを実現するために編み出されたのが、無茶な不動産融資によって土地を値上がりさせ、さらにその値上がりした土地を担保として融資する、という愚かな手法であった。銀行員は過労死するほどの猛烈な労働により、土地を持つ人々を説得してこのゲームに参加させ、そのために必要な資金を融資すべく、それが安全であることを「立証」するための資料を捏造《ねつぞう》し、膨大な書類を処理するという大変な作業をこなし続けた。

その結果がどうなるか、経営者には最初からわかっていたに違いない。銀行の寮で遅い夕食をとりながら、入社二年目の私が入社三年目の先輩に、

「こんなことをしていて、どうなるんでしょうね」

と聞くと、

「そりゃそのうち、住宅ローンの保証会社が全部破綻《はたん》するよ」

と返事がきた。まったくの若造二人が、ことのいく末をこのように正しく予測できたくらいであるから、長い経験と専門知識を持つ銀行経営者は、必ずや自分たちのしていることの意味を理解していたに違いない。それを自己欺瞞《ぎまん》によってわからないフリをして、狂った経営を展開したのであろう。

このコミュニケーション上の病理が、日本の運命を傾け、今日にいたるまで癒えない傷を残した、土地バブルを生み出したのである。それは、抽象的な需要曲線と供給曲線との出合いからはけっして生まれてこない、きわめて「人間的」な悪行であり、その意味でイチバ的現象であった。

インターネット上のイチバ

空間性を持たず抽象性が高いように見えるインターネット市場にしても、実際の姿は、抽象的な需要と供給とが出合う場所とは言いがたい。売り手は顧客の関心をひき、信頼感を得られるようにホームページ上でさまざまな努力を払っている。よく目につくのは店主のプロフィールの紹介や日記である。そこでは、彼らが供給している商品とは直接関係のない情報がたくさん提示されている。

たとえば、ドッグフードの輸入販売をするネットショップの店長が、元銀行員で熱烈な愛犬家である、というような情報は、まだ売りものと関係がある。しかし、その彼が、知り合いの飼犬に、手作りのビスケットを焼いてプレゼントするという酔狂な趣味を持つことを知っても、仕方がない気がする。あるいは、高級銀製品を輸入販売するネットショップの店主が、ヨーロッパ在住の主婦である、という情報はまだ関係がある。しかし、その女性が、朱自清《ヂューズーチン》という中華民国時代に活躍した、専門家しか知らないような文学者に興味があるという情報は、銀製品とはほとんど関係がない。さらには、手作り羽根布団の工場のサイトを運営している奥さんが、あまりに忙しくてお出かけすることさえ滅多にできず、珍しく時間があるときに念入りに化粧して外出しようとすると、小さなお子さんに「マッケンサンバみたい」と言われた、という情報も入手できる。これも布団の購入にはまったく必要がなさそうである。

ところが、インターネット市場には、こういった情報が氾濫《はんらん》している。従来の場所性を持つ市場《イチバ》よりも、さらに人間的要素が前面に出ているということさえできる。インターネット市場のように、生身の人間が直接販売しているのではない場合には、そのサイトの運営者の人柄などが伝わるようにする必要が、より強く生じるようである。とすればこれもまた、インターネット市場《シジョウ》というより、インターネット市場《イチバ》と称すべきかもしれない。

イチバの経済理論

ところが、経済学の書物に生身の「イチバ」が現れることは滅多にない。そもそも「イチバ」という言葉すら使われることがない。「イチバの自動調節機構」とか、「イチバ価格」とか、「イチバ均衡」などといったものは経済学の用語ではない。私は最近、複数の高名な経済学者が、「公設市場」を「コウセツシジョウ」と誤読しているのを目撃した。その場には二〇人近い気鋭の経済学者がいたが、それが誤読であることに気をとめた人は一人もいなかったように見えた。

つまり、経済学は「イチバ」についての学問ではなく、抽象的な「シジョウ」についての学問なのである。私自身、大学で経済学を齧《かじ》って以来、ずっとこの慣例に従ってきた。そして素人が間違って「イチバ価格」といったりすれば、せせら笑ったものである。

しかし、ここ数年ほど、私はこの考えが間違いではなかったか、たとえ間違いではないにせよ、「シジョウ」のことばかり考えて「イチバ」のことを考えないのでは、大きな問題を見落とすことになるのではないか、と考えるようになった。そこで手はじめに私は、「シジョウ」と呼ぶのをやめることにした。最初は気持ちが悪かったのだが、最近は慣れてしまって、平気で「外国為替イチバ」

などと言えるようになった。

そうしているうちに私は、市場《シジョウ》という抽象的概念に覆われて見えなくなっていることが、じつに多いことに気がついた。そこで本書では、そのベールの正体を明らかにするとともに、それを剝《は》がしたあとの生々しい世界について意味のある思考を展開するための方法を、読者とともに考えていきたいと思う。

本書が目指すのは、「イチバ」についての「市場経済論」である。それは、抽象的な需要曲線と供給曲線とが交わったり、抽象的な経済人が最適化したり、抽象的な競売人が価格決定したりする世界についての議論ではない。具体的な生身の人間が、コミュニケーションをくり広げるなかで、現実に物理的な物質やエネルギーの出入りをひき起こす場面についての考察である。こういったコミュニケーションのなかで、処理不可能なはずの膨大な計算がやすやすと実現されるという奇跡の展開する現実の市場《イチバ》についての考察である。

ただし、本書は、その議論の多くを、現在の市場経済理論の問題点を明らかにし、その所以《ゆえん》をたずね、そこから脱却する試みにあてる。イチバの具体的議論に際して経済というものに対して思考を展開するための、その足場となる概念や用語をそのままにしては、一歩も踏み出すことができないからである。そのような試みは、あっという間に底なし沼に足をとられてしまう。

たとえば先述のベスターの築地についての書物は、読んで面白く、人間社会の制度について考える上で、いくつもの示唆を与えてくれる好著であるが、それでも、さまざまの興味深い事実の密林に迷い込んだような印象を与える。この著者は、経済というものの本質を、明晰《めいせき》な言葉で理解し、働きかける基盤を提供するという意欲を、そもそも欠いている。

英語では元来、〝market〟という言葉は、具体的な場所性を持つイチバと、抽象的なシジョウの両方の意味を持つ。[3]ところが、ベスターは、わざわざ「マーケット（market）」と「マーケットプレイス（marketplace）」とを区別してみせる。前者は、抽象的な経済的制度やプロセスのことであり、後者は、それが一つところに集まって具体的な行為として実現される状態を指す。つまるところ、前者がシジョウであり、後者がイチバだ、というわけである。

このベスターのような立場は、抽象的「マーケット」を経済学に明けわたすかわりに、具体的「マーケットプレイス」を人類学の領土として宣言する意味を持つ。たしかにこうすれば経済学者を激怒させることなく、安全に市場についての人類学的調査報告を書くことができる。実際、『築地』では、散発的に経済理論への言及がなされるものの、経済の本質に切り込む議論は展開されていない。この本はあくまでも人類学的な報告書であり、極端な言い方をすれば、恐ろしく精密な調査にもとづいて書かれた観光ガイドか旅行記である。それはこの本ばかりの欠点ではない。『築地』が人類学者のあいだできわめて高く評価されていることからわかるように、それは人類学全体の問題である。

シジョウとイチバとを区別し、前者に意識を集中すれば経済学者の陥った罠が待っており、後者に意識を集中すれば人類学者の二の舞を演じることになる。シジョウとイチバとの両者を分離せず、統合的に考えるための概念的基盤の構築がどうしても必要なのである。

市場とは何か

市場とは何か。自らがこの複雑な経済現象の嵐のなかを生き抜くべく、この問いについてまっとうな思考を展開しようとすれば、経済学の概念の本丸に徒手空拳で踏み込む覚悟が必要である。それゆえ私は、具体的なイチバを論じるために、まずは抽象的なシジョウ概念問題をとり扱う、という間接的アプローチを採用する。現在の経済学が抱えている認識上の障害の正体を突き止め、それを乗り越える、という作業を本書で行うのは、以上のような理由である。

とはいえ、それは具体的現象に飛び込むための「助走」にすぎないのではない。経済学の思い込みは、私たちが日々を暮らす上で「依存」している思い込みと同質のものだからである。私が指摘したいことは、私たちが「依存」していると思い込んでいるものが、じつは「呪縛」であり「足《あし》枷《かせ》」であって、私たちが生きる上での障害となっている、ということである。本書を『生きるための経済学』と題したのはそのためである。

本書は次のように構成されている。第一章では、現代の市場経済理論の非科学性を明らかにする。その上で、このような荒唐無稽《こうとうむけい》な理論が人々の支持を得ている理由が、「自由」という問題に関連していることを示す。第二章では、この理論の前提する「自由」が、「選択の自由」にほかならず、それが経済学に限らず、西欧における思考の基本的枠組を形成していることを見る。しかしこの「選択の自由」は、実行不可能の不条理な自由であり、それは「自己欺瞞」を通じて、人々を自由の牢獄に閉じ込めてしまう。第三章では、利己心と自愛とを厳密に区別し、前者が自愛ではなく自己嫌悪の帰結であることを示す。さらに、懐疑にもとづく自由が、自由そのものを自己崩壊させてしまった過程を反省し、「信じる」ことにもとづいた自由を模索する。第四章では「選択」にかわる「創発」という概念を考察し、それが明示化することのできない暗黙の次元の作動を意味することを示す。第五章では、創発を前提とした上で、創発を阻害するものの論理を探究する。第六章では、「選択の自由」の陰画である「共同体による紐帯《ちゅうたい》＝束縛」という概念を論じ、それがもたらす思考障害をとり除き、『論語』における「道」を「積極的自由」の観点から考察する。第七章では、「自己欺瞞」がもたらす経済的帰結を考察し、選択の自由の追求が、なぜ人間性の疎外や環境破壊にいたるのかを考える。終章においては、これらの議論に依拠しつつ、その経済学的意義を論じる。

本書では、経済学がその前提の上で展開する精緻な議論をとり扱うのではなく、その前提そのものについての議論を展開する。それは経済学の批判にとどまるものではなく、現代社会を生きる私たちの「生きづらさ」の正体に迫ろうとするものである。自分たちを守る鎧だと思っているものが、拘束衣にほかならないことを示し、本来的に生きるための手助けとなる、そのような経済学にたどりつきたいと思う。

(1) ベスター、『築地』、六七〜六八頁

(2) http://www.tokyoforex.jp/seminar/gaitame_tour.php の「体験ムービー」を参照。

(3) 「市場」は、フランス語では〝marché〟であり、ドイツ語では〝Markt〟であるが、いずれもイチバとシジョウとの双方を意味する。これは日本語と同じ「市場」という漢字を使う中国語でもそうであって、「シーチャン」という一通りの読み方しかしない。ということは、日本語以外の言語ではおおむね、すべて「イチバ」で押し通していることになる。とはいえ、それらの国々の経済学も、日本と同じくイチバではなくシジョウについての学問である。

第一章●市場経済学の錬金術

市場理論の非科学性

言うまでもなく経済は、私たちの社会にとって、つねに大きな関心事である。その好不調は私たちの生活に直接作用し、社会全体に強い影響を与えている。それゆえ、どのように経済を運営すべきか、何が経済的に正しいことなのか、といった問題についての言説は、社会のあちこちに溢《あふ》れている。標準的な経済理論にもとづく経済学者の発言を、そのまま真に受ける人は少数派かもしれないが、政府も、企業も、個人も、そのような言説を無視することはできず、その影響力は年々強まりつつあるよう見える。

このような力を及ぼしている市場《シジョウ》経済学は、さまざまの仮定の上に成り立っているが、その仮定の多くはじつは非現実的である。非現実的というのは「現実の経済の姿を歪めている」というような生易しいものではない。多くの仮定が、物理学の諸原理に反している、という意味で、非現実的なのである。

本章ではそのうち、「相対性理論の否定」「熱力学第二法則の否定」「因果律の否定」という三つのテーマについて簡潔に議論し、いわゆる市場《シジョウ》理論がどれほどの無理の上に成り立っているのかを明らかにしたい。

ただし、それは単に経済学の非科学性を批判し、それで済ませようとするものではない。この市場経済学には、人々をひきつける強い力が備わっており、このような非科学的理論を人々が信奉する基盤となっている。そしてこれこそが、本書のめざす「生きる」ということを阻害し、歪めるものと深く結びついている。したがって本章では現代の正統的市場理論の非科学性の証明にとどまらず、なぜこのような無理のある理論が広く受け入れられているのか、その魅力の源泉は何かについてまで考察する。(1)

標準的市場理論の二つの支柱

議論に入る前に、「標準的な市場理論」というのものを明確にしておこう。ここで利用するのは現時点で標準的とみなされている経済学の教科書の一つ、ハル・R・ヴァリアン『入門ミクロ経済学』である。

この書物の最初の章は「市場」であり、経済学の考え方を概観することを目的としている。市場の章の中核部分にあたる「1・2　最適化と均衡」という節の一部を以下に引用する。

人々の行動を説明しようとするときにはいつでも、なんらかの組織化原理、すなわち行動を記述できるようななんらかのフレームワーク（枠組み）が必要である。ここでは非常に単純な二つの原理を採用しよう。

最適化原理：人々は実行可能な範囲の中から最も望ましいパターンの消費を選択する。

均衡原理：財の価格は需要量と供給量とが等しくなるまで調整される。

この二つの原理を検討しよう。最初の原理はほとんど同語反復的である。人々が行動を自由に選択できるときには、望ましくないものよりも望ましいものを選択すると仮定する方が合理的である。もちろんこの一般的な原理にも例外があるが、通常この例外は経済行動の領域には属していない。

第二の原理（概念）には少し問題がある。任意の時点において需要と供給とが一致するとは限らない。一致していないときには何かが変化すると考えられる。この変化が行き着くまでにはかなりの時間がかかるかもしれない。さらに悪い状況では、この変化が他の変化を引き起こし体系全体を「不安定」にするかもしれない。

このような状態が生じる可能性はあるが、通常では起こりそうにない。……われわれが問題とするのはこの均衡価格である。市場がどのようにしてこの均衡へ到達するかとか、均衡が長時間にわたってどのように変化するかという問題には当面関心がないのである。（ヴァリアン、

（『入門ミクロ経済学』、五頁）

驚くべきことに、本文が六四九ページもあるこの大部の書物のなかで、議論のフレームワークをなす中核的な二つの概念は、たったこれだけ半ページほどで、説明らしい説明もなく導入されている。残りの六四八ページ半は、この概念のさまざまな問題への適用方法で埋め尽くされている。

均衡原理に関しては、五一一ページに少しだけ議論がある。

この例では、彼らは自分たちの望む取引を実現しえないのである。つまり、それでは市場が均衡しないのである。

この場合、市場は**不均衡**（disequilibrium）であるという。このような状況のもとでは、競売人は財の価格を変える、と仮定することが自然であろう。もし財の一つに超過需要が存在すれば、競売人はその財の価格を上昇させるであろう。そして、もしある財に超過供給があれば、その財の価格を下げるであろう。

この調整プロセスは、各々の財に対する需要がその供給に等しくなるまで続くと仮定しよう。

（ヴァリアン、同書、五一一頁）

厳密に確認したわけではないが、索引による限り「不均衡」という概念が出てくるのはこの本ではこの一ヵ所だけである。ということは、「調整プロセスは、各々の財に対する需要がその供給に等しくなるまで続く」という仮定によって均衡点への到達が保証されており、それが、この書物全体の議論を支えることになる。

以上をまとめれば次のようになる。

標準的な市場理論には二つの支柱がある。一つ目の「最適化原理」は、人々が「合理的」であると仮定する。合理的というのは、行動を自由に選択できるときには、望ましくないものよりも望ましいものを選択する、という意味である。注意すべきは、「実行可能な範囲のなかからもっとも望ましいパターンの消費を選択する」という仮定は、「人々は可能な選択肢のなかでもっとも望ましいものを選択する能力がある」ということを暗に前提としている点である。なお、ここに言う「自由」とは、「ありうる選択肢はすべて選択可能であり、なんらの制限も設けられていない」という意味である。

二つ目の支柱は「均衡原理」であり、「財の価格は需要量と供給量とが等しくなるまで調整される」と主張する。これは、つねに均衡を実現するように調整が行われる、という弱い主張ではない。もしも均衡が実現されていなければ、等しくなるまで調整されねばならず、それはつねに可能である、という強い主張である。

以上で最低限の準備が整った。以下では、この二つの支柱が物理学の観点から見て、どれほど非現実的であるかを明らかにする。

相対性理論を否定する「最適化原理」

まず、「最適化原理」から見ていこう。最適化原理の問題点は、「計算に時間がかからない」という仮定を暗黙のうちに置いていることにある。誰でも知っているように、計算には時間がかかる。それがどんなに短い時間であっても、時間がかからない、ということはない。非常に短い時間でできるなら、モデルを作る際には計算時間を無視してもよいではないか、と思うかもしれないが、それはできない相談である。なぜなら、「合理的選択」をするために必要な計算量が莫大だからである。(2)

ここに二種類の財があるとする。それぞれの財について「買う／買わない」という選択肢しかないとしよう。二種類の財については、

① 「財Aを買う、財Bを買う」
② 「財Aを買う、財Bを買わない」
③ 「財Aを買わない、財Bを買う」
④ 「財Aを買わない、財Bを買わない」

という四つの選択肢がある。経済学での消費者行動の決定は、これらの組み合わせのうち、実際に

予算制約を満たすもののなかで、一番、効用の高い（つまり、もっとも「望ましい」）組み合わせを選択する、という形で定式化される。

「予算制約を満たす」というのは次のような意味である。たとえば手元に一〇〇〇円ある場合、財Aの価格が六〇〇円、財Bの価格が六〇〇円であるとすれば、②〜④は一〇〇〇円以下であるから実行できるが、①は一〇〇〇円を越えてしまうので、実行できない。このとき、②〜④は予算制約を満たす、という。

「効用」というのはやっかいな概念であるが、次のように考えればよい。財が二種類であるから、

（イ）「財Aと財Bとを両方消費する」
（ロ）「財Aだけを消費する」
（ハ）「財Bだけを消費する」
（ニ）「どちらも消費しない」

という四つの組み合わせがある。この四つの組み合わせを、望ましい順番にならべられる、と考えるのである。この場合であれば、（イ）∨（ロ）∨（ハ）∨（ニ）、というような具合である。

この場合、予算制約を満たしつつ、もっとも効用が高いのは（ロ）に対応する②「財Aを買う、財Bを買わない」であるから、消費者は②という行動を選択する、ということになる。これで立派

に消費者選択の理論の基礎が築かれたことになる。経済学の教科書にはここまでしか書かれていない。

ところが問題はここからはじまる。いま、財二種類で四組の選択肢があった。これが三種類になると、二の三乗で八組の選択肢ができる。四種類なら一六組、五種類なら三二組。いわゆる鼠算《ねずみざん》式に組み合わせがどんどん増える。一〇種類で一〇二四組、二〇種類で一〇四万八五七六組、五〇種類になると、

1,125,899,906,842,620 組

になってしまう。これはどういう数かというと、一秒に一組数え上げていって、数え終わるまでに三五七〇万年かかってしまう、というような莫大な数である。こういう具合に種類が増えると組み合わせが激増する事態を、「組み合わせ爆発」あるいは「計算量爆発」と呼ぶ。この膨大な数の組み合わせを、望ましい順にならべるには、さらに長い時間がかかる。

現実の世界では、ちょっとした規模の店に行くと、そこには数百〜数千種類の商品がならんでいる。そこに一〇〇〇円札を握って買いものに行き、そこで経済学の考え方に従って予算制約を満たす最適な商品の組み合わせを見出そうとすると、いかに高速なコンピュータを用いようと、宇宙開《かい》闢《びゃく》からはじめてもまだ計算が終わらず、買いものができないことになる。

このようなタイプの問題、つまり解が存在することはわかっていて、それを調べる手続きもわかっているけれど、可能な解の組み合わせが多すぎて、しかも枚挙する以外にうまい探索法が存在しないような問題を、「NP困難」という。こういう問題は世の中にゴロゴロしている。たとえば、セールスマンが複数の訪問先を効率よく巡回するための回路を見つけようとすると、どんなに高速なコンピュータを使って計算しても何億年もかかってしまう、という「巡回セールスマン問題」。あるいはそのセールスマンが、スーツケースに着替えや見本品をもっとも効率よく詰め込もうとすると、これまた何億年もかかってしまう、という「ナップザック問題」など。

経済学者の塩沢由典が『市場の秩序学』のなかで指摘したように、「最適」を求めるという経済学の効用最大化問題は、NP困難である。ところが、経済学ではこの問題がまともな時間のうちに解ける、と暗黙のうちに仮定している。これはつまり、無限の速度で計算ができる、という主張と等価である。言うまでもなく計算は物理的過程であり、物理法則を破ることはできない。相対性理論によって明らかにされたように、真空中の光の速度を超える速度はありえない。いかなる計算手続きも、それに必要な伝達速度が光速を超えることはありえないので、無限の速度の計算は実現できない。ところが消費者が効用を最適化できる、という仮定は、無限の計算速度を要請するので、相対性理論を否定してはじめて成り立つということになる。

基数的効用と序数的効用

このように物理学的な意味で非現実的な消費者行動の定式化は、いわゆる「基数的効用」と「序数的効用」の問題と関係がある。基数的効用というのは、効用を測定可能とみなし、それを足し合わせることができる、と考える立場である。たとえば個人で言えば、リンゴ一個の効用とミカン一個の効用はそれぞれ測定できて、リンゴとミカンとを食べたら、そのときの効用は両者の効用の合計になっている、と考える。また、異なる個人間で効用を比較したり足し合わせることも可能であるとする。

しかし、残念ながら、考えればすぐにわかることであるが、効用の尺度として客観的なものを見出すことはできない。リンゴ一個の与える効用は人によってさまざまであるし、各個人についても、リンゴ一個の効用とミカン三個の効用とが等しいかどうかは、なんとも言えない。これでは財の価値が効用で決まるという効用価値説の立場を維持できなくなってしまい、困ったことになる。なぜ困るかというと、モノの価値はそれを生産するために投入された労働時間で決まる、という労働価値説に対抗できなくなるからである。労働価値説を否定できないと、マルクスの搾取理論を認めねばならなくなるが、それでは資本主義経済は悪だということになり都合が悪い。

この苦境を乗り越えるために編み出されたのが序数的効用の論理である。この理論は、「ある選択肢が、他の選択肢より望ましいかどうか」という個人の選好関係にもとづいて、より望ましい財の組み合わせはより大きな効用を持つ、という形で効用を定式化する。財一つひとつの客観的尺度での効用を定量的に考えなくとも、財の組み合わせをそれぞれの個人が主観的に望ましい順番にならべる、という形で考えて、ちゃんと価格決定の市場《シジョウ》理論を構成できることが示されている。これは数学的にはちょっと気の利いたお話にすぎないが、経済学の分野ではこの発見が「二〇世紀最大の成果」とさえ言われるほどの評価を得ており、また今日の主流の考え方となっている。この分野の研究者には、いくつものスウェーデン銀行賞（通称ノーベル賞）が与えられている。

しかし、先に述べた組み合わせ爆発の問題を考えると、基数的効用を序数的効用に置き換えて理論を構成するのは、別に進歩でもなんでもないことがわかる。これは、効用が加算できるという強い仮定を避けるかわりに、無限大の速度の計算が可能である、というより強い仮定、すなわち、相対性理論を否定する仮定を導入したにすぎない(3)。

以上のように、序数的効用にもとづく「最適化原理」の導入は、相対性理論を否定してはじめて可能となる。

均衡価格という「模索」

それではここで、市場理論の吟味を進めるために、無限の速度での計算が可能である、という相対性理論に反する仮定を作業上、仮に認めることにしてみよう。これで、経済学の標準的な市場理論を構成するに十分であろうか。答えは否である。この仮定は各個人が自分の効用を最大化するような解を発見するには十分であるが、市場における価格決定を実現するには不十分である。均衡価格を実現するには均衡原理を導入せねばならないが、この原理は相対性理論を否定しただけでは実現できない。

先に引用したヴァリアンの『入門ミクロ経済学』には出てこないが、均衡原理を保証する市場における均衡価格の実現は、「模索」という過程によって行われると考えられている。それは次のような過程である。

あらかじめ、市場に参加している各人に、所有する資源と、各人の嗜好《しこう》を表現する消費関数とを与える。そこに、ある仮の価格表が提示される。各人はその価格表に従い、効用の最大化を実現するように、所有する財の売却と、所望する財の購入の計画表を作る。こうして形成される各財についての需要量と供給量とを、全員について合計すると、各財についての需要と供給とが出揃う。そこでどれだけ需給がアンバランスであるかに従い、需要超過があれば価格が少し上がり、供給超過があれば価格が少し下がるものとする。その新しい仮の価格表のもとで、各人が計画表を作り直す。そうして提出された新しい需要量と供給量との差に従って価格が上下して新しい価格表が作られ、それに従って需給を決定し……、という手続きを延々とくり返すのである。こうして最終的に、すべての財について需給が一致するような仮の価格表に到達できれば、それが均衡価格を表示していることになる。

注意すべきはこの「模索」の過程では、誰も、消費も生産も交換もしてはならない、という点である。もし、模索の途中で誰かが空腹に耐えかねて、持っている資源の一つである食料をツマミ食いでもしようものなら、大変なことになる。初期資源の分布が変化してしまうから、模索は振り出しに戻り、一からやり直さねばならなくなる。つまり、模索は飲み食いを一切しないで貫徹せねばならない。

比叡山《ひえいざん》には千日回峰行《せんにちかいほうぎょう》という荒行があり、そのなかで「堂入り」という特に厳しい行がある。行者は無動寺谷《むどうじだに》明王堂《みょうおうどう》に入り、足かけ九日間（丸七日半ほど）にわたり、不眠・不臥《ふが》・断食・断水で、つまり、ずっと立ったまま飲まず食わずでひたすら不動明王の真言を唱え続けるのである。模索中の経済人はこの行者のような状態に置かれているということになる。

熱力学第二法則を無視する均衡原理

すでに述べたように、個々の消費者が所与の価格表のもとで自分の需給を決定するには膨大な計算を必要とするが、それは無限の速度で実行できると仮定したので心配しなくてもよい。しかし、各人の決定した需要供給計画をとりまとめて、その不均衡に従って新しい価格表を作り、それを各人に提示して需給を決定してもらい、という過程を延々とくり返し、均衡価格を模索する、という過程を実現するには、どうしても情報の交換が必要である。この情報交換は、初期資源の分布が変化しないように、エネルギーや物資を移動させることなく実現せねばならない。

ところが現実の世界では、情報の交換にエネルギーの消費や物質の移動が不可欠である。これは熱力学第二法則からの直接の帰結である。もちろん、模索の過程は情報のやりとりが不可欠である。

その情報のやりとりにエネルギーの消費や物質の移動が必要であれば、初期資源分布が変わってしまう。これでは、ツマミ食いが生じたのと同じことになってしまい、模索は振り出しに戻る。それゆえ、模索を貫徹するためには、情報のやりとりにエネルギーの消費や物質の移動は必要ない、と仮定せざるを得ないが、この仮定は熱力学第二法則を否定することになってしまう(4)。

情報のやりとりにかかるコストが無視しうるほど低ければ、振り出しに戻るといっても、資源の初期賦存《ふそん》状態がほんの少し変化するだけであるから、気にせずに模索を続けることもできる。しかし、均衡価格を探し出すために必要な情報のやりとりの量は半端ではない。価格表を提示した際に、それに対する需給計画を各人から提出してもらうには、その経済に属する「人口」×「財の種類」だけの数値を集めねばならない。日本経済というような単位を考えると、少なく見積もっても財の種類は数百万個はあるだろうから、一億×数百万(=数百兆)個の数値を扱わねばならない。

しかも、任意の価格表から、均衡価格表に到達するのは容易ではない。需給不一致が生じた際に、価格を「少し」動かす、というのが曲者で、あまりにも少ししか動かさないと、この手続きを何度くり返しても、価格がほとんど動かない。それに、本当の均衡点ではないながら周囲に比べて均衡に近い状態をもたらすような点があると、そこにあやまってはまりこんでしまい、本当の均衡点を見出すことができなくなる恐れがある。

かといって、あまりに大胆に動かすと、均衡価格を飛び越してしまう恐れがある。そうすると、堂々巡りをすることになっていつまでも均衡価格を見つけられなかったり、さらに運が悪いと、「カオス」

と呼ばれる不規則な運動をひき起こしてしまう。均衡価格の探索は簡単な仕事ではないのだ。

また、財の種類が二種類なら二次元空間の一点を探す問題であり、まだなんとかなりそうであるが、三種類なら三次元空間をさまよわねばならない。これはすでにかなりやっかいな問題である。財が数千種類あると、数千次元空間における均衡点の探索となるが、これは最初から絶望的である。日本経済全体なら、数百万の財に対応する数百万次元空間となるが、これはもはや想像を絶している。

価格表を一度提示するだけで、数百兆個の数値をやりとりせねばならない手続きをくり返して、このように絶望的な仕事を実現するのは、大変な量の情報のやりとりを必要とする。これにともなうエネルギー消費や物質の移動は、とても無視しうるような量ではない。ということは、情報のやりとりにエネルギー消費や物質の移動は必要ない、という仮定を置かなければ、標準的な市場理論を維持することができない。そのためには、相対性理論を否定するだけでは不十分であり、熱力学第二法則も否定せねばならないことになる。

因果律を破る市場均衡

それではここではさらに進んで、相対性理論を否定するとともに、熱力学第二法則も否定することにしよう。これで経済学の標準的な市場理論を支える二つの支柱「最適化原理」と「均衡原理」とを導入したことになる。これで標準的な市場理論を実現するに十分であろうか。残念ながら答えはまたしても否である。少なくとも一つ、さらに隠れた支柱が必要なのである。

フランスの経済学者エドモン・マランヴォーは、『ミクロ経済理論講義』という大学院向けの教科書を書いた。最近では他の教科書に押されているが、長く第一級のテキストという定評を世界中で得ていた名著である。私もこの本は、現在主流になっている教科書に比べてずっと優れていると感じている。なぜなら、マランヴォーは、どんなに都合の悪いものであっても、議論の前提をなるべく明らかにする、という態度を貫き、それを詳しく書き表しているからである。現在の教科書の大半は、都合の悪い仮定はできるだけバレないように隠蔽《いんぺい》している。本章のはじめに見たヴァリアンの教科書が高く評価されているのは、この隠蔽工作が特に巧妙だからである。

この書物の最初のほうでマランヴォーは、その本の議論全体が、次のような仮定に依拠することを明記している。

社会はただ一度だけ行動を起すと仮定しよう。（マランヴォー、『ミクロ経済理論講義』、七頁）

この仮定のように、標準的な市場理論は、経済現象を一度きりの現象とみなして理論化している。このマランヴォーの支柱がなければ、ヴァリアンの教科書で用いられているような議論は一切展開できない。

すでに述べたように、各人の最適化と市場における模索とによって発見される市場均衡は、生産・交換・消費といった物質やエネルギーの出入りをともなう現象を排除することで構成されている。こうして発見された市場均衡によって現実の経済活動を説明するという経済学の標準的な思考方法は、大きな問題をはらんでいる。

生産・交換・消費は時間のなかで生じる過程であり、たとえば「私が靴を作れば、それを交換することができて、米を手に入れて食べることができる」というように、出来事の時間的連鎖として形成されている。ある時点の行動は、そのあとの時点の行動に影響を与え、それが次々と継起していく。しかもその連鎖は、私個人の問題ではない。私の行動はほかの人の行動に影響を与え、ほかの人の行動は私の行動に影響を与える。私が靴を作らなければ、あなたは靴を履けない。あなたが米を作らなければ、私は靴と米とを交換できない。私の現在の行動があなたの将来の行動に影響し、あなたの現在の行動が私の将来の行動に影響する。私が靴を作ったけれど、あなたが米を作らなかったので、靴を作ったのはとり消し、というわけにはいかない。作ってしまった靴はとり消し不可能である。現在に影響するのは過去だけであり、未来は現在に影響しない。これは因果律と呼ばれる原理である。こうした因果連鎖の絡まり合いとして、現実の経済は作動する。

これに対して模索の過程は、こういった時間的連鎖とは無関係である。模索の過程は、一見したところ、初期の価格から時間の経過にともなって変動し、最終的に均衡価格にいたるように見えるが、その継起の経路は、いつでもとり消し可能である。模索の途中の仮の価格表は、あくまで仮の価格表であり、各個人の形成する需要や供給も、あくまで仮の需要や供給にすぎない。模索の途中のある段階で形成されている価格表は、次の段階の価格表に影響を与えているように見えるが、それは見かけだけのことである。模索の過程では時間が流れておらず、私が靴を作ろうと思ったけれど、あなたが米を作らなかったので、私は靴を作るのをやめた、ということが可能である。

もちろん、この模索の過程を、私がかってに頭のなかで想像するぶんには何の問題もない。私が無限の計算力を行使し、あなたも無限の計算力を行使し、その上、情報のやりとりを非物理的手段で実行して、お互いに完璧に整合する計画表を作る、と想定することは因果律に抵触しないので、相対性理論と熱力学第二法則とを無視しさえすれば可能である。

しかし、因果律に拘束されつつ実行される生産・交換・消費の過程を、このような因果律に束縛されない模索の結果として得られる均衡状態と同一視することは、因果律を破ってしまうことになる。つまり、靴を作ったことをとり消せない世界での出来事を説明するのに、それが可能な世界についての理論を用いると、因果律に反するのである。標準的な市場理論では、模索の結果として得られる均衡価格・均衡生産額・均衡消費額が、そのまま現実の価格・生産額・消費額として語られる。因果律を破らないためには、理論の対象を厳格に模索過程に限定する必要がある。実際のところ標準的な経済理論は現実の生産・交換・消費の過程を語らないので、この制約を暗黙のうちに守っているとみなすこともできる。とすればマランヴォーの先の仮定は不正確であって、次の命題がより正確な前提ということになる。

社会はただの一度も行動を起こさないと仮定する。

ただの一度も行動を起こさない社会についての精密な理論とは、実現不能なユートピアについての理論よりも、さらにたちが悪い。しかし、もしこの命題が気に入らなければ、相対性理論と熱力学第二法則とに加えて、因果律をも否定する必要がある。

フリードマンの反論

以上で経済学の標準的な市場理論が、相対性理論・熱力学第二法則・因果律という根本的な物理法則を破っていることが明らかとなった。

生命が物理法則を破ることができないことは言うまでもない。生命は物理法則に解消されるものではないが、物理法則に反することはできない。生命の一種である人間の相互作用によって生成する社会もまた、物理法則に解消されるものではないが、物理法則に反することはできない。それゆえ、社会の一側面を扱う経済理論が物理法則に反しているとすれば、その理論は間違っている。物理法則を破る経済理論は、荒唐無稽たらざるを得ない。

自由主義経済学の主要な論者の一人であるミルトン・フリードマンは、経済学の「非現実性」という批判への反論として、次のような「道具主義」と呼ばれる議論を展開している。(5)

熟達した玉突きの競技者が突いたショットを予測するという問題を考えてみよう。その玉突きの競技者は、あたかもかれが球の走るコースの最適な方向を決める複雑な数学的公式を知っており、球の位置を示すその角度などを眼で精確に見積ることができ、公式を用いて素早く計算することができ、それから公式が指示する方向に球を走らせることができるかのように球を突く、という仮説をたてれば、すぐれた予測が生まれるであろうと考えることはまったく不合理ではないように思われる。(フリードマン、『実証的経済学の方法と展開』、一二一頁)

この議論はうまい形で欺瞞を含ませている。じつのところ、玉突きの選手は物理学の数理的公式は知らないかもしれないが、玉突きに関する物理法則を、物理学者の扱い得ないような範囲まで詳細に理解しており、それに反しないように行動するからこそ、玉を自在に扱うことができる。それゆえ物理法則と玉突き選手の行動は矛盾しない。物理法則に反する技を使うことは、いかなる玉突きの名手にもできない。物理法則に従ってプレーする玉突き選手の行動を、物理法則によって予測することも不可能ではない。ただし、物理学者が扱う程度の粗い理論で、玉突きの選手の高度な計算をシミュレートするのは、それほど簡単なことではない。

こうして微妙な嘘をついた上でフリードマンは次のように大きな嘘をつく。

これらの例から、つぎのような経済学の仮説まではほんの一足である。すなわち、広範な条件のもとで、個別企業はあたかもかれらが予想収益(一般に誤って〝利潤〟と呼ばれてはいるが）を合理的に最大化することを追究し、かつまたその企てに成功するために必要なデータを熟知しているかのように行動する。つまり、あたかも企業は適切な関連をもつ費用および需要関数を知っており、かれらにできるあらゆる行為から生ずる限界費用と限界収入とを計算して、各行為を、それに適切な限界費用と限界収入とがひとしくなる点まで押しすすめるかのように行動する、という仮説である。（フリードマン、同書、二二頁）

これが大きな嘘であるのは、企業家もまた物理学の数理的公式は知らずとも、物理法則に反することをしないからである。たとえば永久機関を用いた大型発電所を建設する、というような物理法則を無視した事業は実行できない。物理法則に則っているからといって、事業が成功するわけではないが、それでも、物理法則に反する企画は実行不能である。一方、すでに見たように、フリードマンの支持するような経済理論は物理法則を破っている。それゆえ、物理法則によって制約を受けている企業家の行動を経済理論が説明する、ということはあり得ない。

もちろん、物理的に不可能なことを可能と偽って他人から金を巻き上げる詐欺師は、たくさんいるが、彼らは物理法則に反することをしているのではなく、自らのやっていることの一部を隠蔽しているだけである。合法的事業でも同じ構造になっているものは多い。たとえば「原子力発電は二酸化炭素を出さない環境にやさしいクリーンなエネルギーです」などと称することが可能なのは、猛毒にして破壊性のきわめて高いプルトニウムなどの放射性廃棄物が厳密に物理的に隠蔽されているからである。これが地震やテロや事故などによって溢れ出し、チェルノブイリのようになれば、「クリーンです」などということは言えなくなる。低レベルの放射性物質は微量とはいえつねに漏れ出しているが、これは「安全基準内」ということでコミュニケーション的に隠蔽してある。

錬金術としての経済学

あるいはこういう言い訳も可能かもしれない。曰く、こういった隠蔽された部分はたしかに倫理的には問題かもしれないが、そういった部分は残念ながら価格を与えられておらず、経済的には存在しないのも同じである。そうすると、経済的に意味のある部分にのみ意識を集中する経済学は、物理法則に従ってはならないのである。それゆえ、経済学が物理法則に反していることは問題であるどころか、それこそが経済学の学問的独自性の基盤なのである、と。

たしかにこう言えば私が以上で展開した経済学批判は空振りに終わる。しかしこのように経済学を規定することは、経済学が科学ではなく錬金術（アルケミー）であることを認めることになる。錬金術とは、鉛などの卑金属を、金などの貴金属に変成させようというものであるが、それは物理的に不可能な試みである。ところが非常に長い期間にわたって、この試みは可能であると考えられたし、実際、金を作り出すことに「成功」した錬金術師はたくさんいる。彼らの「成功」は、意図的にせよ無意識にせよ、物理過程の一部を隠蔽していたからである。

たとえばここに鉛があるとしよう。その鉛を熱して溶解させる。そこにこっそり金を混入させて固める。それを再度溶解させて、いろいろ手を加えれば、鉛のなかから金をとり出すことができる。金を混入させるという物理過程を、自分自身も気づかないような方法で隠蔽してしまえば、鉛を金に変える錬金術が完成する。この隠蔽された範囲は錬金術の関心外であり、彼らの関心の範囲内ではきわめて精密で体系的な議論がなされていた。

経済現象という物理過程のうち、経済学の認識にかからない部分は隠蔽するというのであれば、これは都合の悪い物理過程を隠蔽して成立した錬金術と同じことになる。このことを認めるなら、経済学はエコノミックスという名前を捨てて、アルケミックスとでも改称したほうがよい。実際のところ、先のフリードマンの欺瞞的議論は、科学と錬金術とを同一視するものである。こういった理論によって高い身分と高給とを獲得し、本を書いたり講演したりしてさらにお金を儲けるのは、まさに錬金術師の仕業である。

フリードマンは、「これらの例から、次のような経済学の仮説まではほんの一足である」とぬけぬけと言っているが、両者のあいだには千尋《せんじん》の谷が広がっている。片方は科学であり、片方は錬金術である。続けてフリードマンはさらなる嘘の上塗りをする。

ところで、当然のことであるが木の葉や玉突きの競技者がこみいった数学の計算の手続きをふんだり、落体が真空をつくり出そうときめたりすることがないのは明白であるのと同様に、数理経済学者がこの仮説を表わすのに便利だとして用いる連立方程式体系を実業家が実際に解くようなことはないのである。玉突きの競技者に球の突き場所をどのようにして決めるかと尋ねたら、かれは、〝きっかりそれを計算する〟が、そのあとでそれを確実にするためにお祈りをする、というかもしれない。また、実業家はたぶん、平均費用に相当する価格をつけるが、もちろん市場のいかんによっては多少の加減をする、というであろう。いずれの言明も、ほぼ同じだけ有益であるが、いずれもそれに対応する仮説の適切なテストにはならないのである。(フリードマン、同書、二二一~二二三頁)

玉突きの競技者は物理学者のやるような簡単な計算はしないが、もっと複雑で高度な計算をしている。企業家もまたちゃんと計算して行動する。こちらは、経済学者がやるような錬金術の計算はしないで、物理法則に反しない計算をする。物理過程についての正当な事例が、錬金術師の唱える仮説の「適切なテストにはならない」のは当然である。なぜなら、錬金術は都合の悪い部分を隠蔽するのであるから、どんなに科学的な反証を見せられても、痛くも痒《かゆ》くもない。

市場経済論に託された希望

ところが、このタイプの市場経済論《アルケミックス》は、二〇世紀後半に急速に発展するとともに、広汎な支持を集めてきた。なぜ、このような理論が、これほどの魅力を持つのかは、真剣に考える必要がある。

そのための手がかりとして、日本人の経済学者として世界でもっとも有名であった森嶋通夫が、このタイプの議論の生みの親とも言うべき英国の経済学者ジョン・ヒックスの『価値と資本』という書物について書いた次の文章を参考にしたい。

ジョン・ヒックス卿の『価値と資本（一九三九年）』は私に決定的な影響を与えた書物である。多感な十代の終わりにこの書物を読んでいなければ、私は後半生をこの英国で過ごすことにならなかったであろう。

『価値と資本』を出版元の許可を得ていないフォトコピーによる海賊版で読み始めたのは、一九四二年のことであった。太平洋戦争はその前年に始まったばかりであったが、戦時体制が敷かれて既に久しく、私の少年時代は常にその下にあった。思想統制は年々厳しくなり、旧制高等学校の学生であった頃には、私の住んでいた下宿のどの部屋も警察の査察を何度も受けた。

新聞は日和見主義的な態度を採り、多くの大学教授は甘んじて軍部の走狗となっていた。マルクス主義者は逮捕され、多数の転向者が国粋主義の熱狂的な唱道者となった。ナチの路線にそった経済学の研究が主流となり、ナチ流の地政学が日本のアジア諸国に対する侵略を正当化するために利用された。

このような国をあげてのヒステリー状態のなかで、アングロ・サクソン人の手になる経済学の本を読むことは一種の消極的抵抗であった。軍部に対する積極的抵抗の道はほとんど残されておらず、出来ることといえば、敵国である英米の社会科学や哲学についての純粋な研究を継

続するというような消極的抵抗のみだったのである。（森嶋通夫、『資本と信用』、vi〜vii）

このような厳しい状況下で森嶋はヒックスの書物を紐《ひも》解き、一九四三年の終わりに学徒出陣するまでのあいだ、貪《むさぼ》るように読み耽《ふけ》った。

ヒックスの書物は悲惨な現実から遥かに隔たった、目の醒《さ》めるような知的世界へと私を導いてくれた。私が卒業したころの日本の高等学校は過度に専門化されており、哲学や社会学を専攻しようとする学生は、通常ドイツ語を第一外国語として選択した。高校時代の私はゲーテ、ハイネ、ショーペンハウアーといった作家の本を読み、分りもしないのにG・ジンメルの *Soziologie* などをよろこんで集めていたのであり、デカルト的明晰というものを全く知らずにいた。この結果、ヒックスの鋭い論理が与えた影響はいやがうえにも大きなものとなった。さらにそのうえ激しい国際紛争のさなかにあって国家を越えた一般的原理について学ぶことで、ずいぶん「精神的」に救われたのである。（森嶋通夫、同書、vii）

ここに描かれている『価値と資本』の輝きは眩《まばゆ》いばかりである。その輝きは以下の点にあると見てよかろう。

①全体主義的抑圧からの解放を与える自由主義の理論としての魅力
②国家を越えた一般的原理としての魅力
③デカルト的明晰の魅力

私の見るところ、この魅力は森嶋個人の感じたものではなく、またヒックスの書物のみが持つものでもない。ヒックスの原典には及ばないとしても、経済学の標準的な市場理論そのものがこの魅力を備えている。それは学徒出陣という厳しい状況下で森嶋の感じた強烈な魅力には及ばないにしても、多くの人が同じ種類の何らかの抑圧からの解放という感覚を抱いているのではなかろうか。標準的市場理論は、「人間の自由の尊さを、普遍性を持つ厳密な論理によって明らかにする理論」というような性格を広く付与されていると見てよかろう。たとえば政治学者のノーマン・バリーは、現代の自由主義についての総括的なまとめである『自由の正当性』のなかで、「二〇世紀の自由主義とリバタリアニズムが、その主要な知的基礎を経済学に置いてきたことは、疑いがない」と指摘している。

マルクス経済学と自由主義経済学の隠れた共通性

本章で示したような、経済理論の諸前提の非科学性は、どこにも書かれていないが、じつのところ、多くの人が薄々感じていることである。経済理論をはじめて学んだ人の多くは、なんとなく騙されたような感じを抱く。ここが経済理論の難所であり、騙されているのではないか、と思い続けると、理論が頭に入らなくなってしまう。ここのところを一回騙されてしまえば、あとは簡単に学ぶことができるようになる。

この騙された感じの隠蔽の上に経済学は構築されている。その隠蔽工作はきわめて巧妙であり、何を隠そう、この私自身、ずっと何か騙されているという感覚を維持していたにもかかわらず、それを言語化するのに、一五年以上はかかった。

このような騙された感じを人々が無理やり抑え込んでしまうのはなぜであろうか。一つはそれが権威ある学者によって主張されており、大学で講義されているので、まさかインチキではあるまいと思い込んでしまう、ということであろう。この効果はたしかに大きいと私は考えている。

しかし、それだけではないように思う。もしそれだけであるなら、もっとさまざまな様式の経済理論が分立していてもよさそうだからである。ところが経済学の現状は、このタイプの理論がほとんどを占拠している。

標準的市場理論以外の対抗馬として、少なくとも過去においてはマルクス主義経済理論が大きな勢力を持っていたではないか、と思われるかもしれないが、じつのところマルキシズムも、同じような前提の上に立っていると私は考えている。マルキシズムの論点は、公平な自由競争にもとづいた市場機構の作動が、じつは不公平であり、搾取を生み出している、というところにある。それはつまり、自由競争にもとづいた市場機構は不公平ではあれ、また恐慌などの問題を含むとはいえ、それ自体としては一応作動する、という前提に立っていることになる。これを人間を疎外する「価値法則の貫徹」という。ところが、価値法則が貫徹するためには市場機構が正しく作動せねばならず、そうすると、先に述べた三つの物理法則の否定が必要になってしまうのである。

その上、マルクス主義経済理論が、搾取なき交換システムとして提案するのは、人間の理性にもとづいた計画経済である。これを正しく作動させるには、「無限の計算速度」「瞬間的でエネルギーを用いない情報交換」「将来にわたる事前の計画策定に正確にもとづいた経済行為」を必要とするが、この三つはそのまま、相対性理論・熱力学第二法則・因果律の否定を必要とするのである。

標準的市場理論とマルクス主義経済理論とが共通に求めるものとは何であろうか。私はそれを人間の自由であると考える。このように言うと驚く方がおられるかもしれない。標準的市場理論はともかく、マルキシズムは自由競争を認めないのではないのか、と。

しかし、マルキシズムが自由主義経済学を批判するのは、それが人間の自由を実現しないからである。表向きは平等な自由競争に見えているが、実際は「サイコロはいかさま」(『資本論』第一巻)であり、労働者の自由が内実をともなっておらず、資本の鉄鎖に繋がれている、というのがその主張である。革命が必要であるのは、人間の自由を実現するためである。問題は、マルキシズムの提案が物理的に実現不能であり、これを可能だと強弁することにより巨大な欺瞞が生じ、それが人間の抑圧に帰結することにある。

自由は失われない

さて、標準的な市場理論が、少なくともその意図としては、自由を擁護する理論であることに反対する人はいないであろう。それはスミス以来、経済学が標榜《ひょうぼう》しつづけているテーマである。それゆえ、この理論が荒唐無稽であることを認めてしまうと、人間の自由が失われるような気がするのではあるまいか。

そうだとすれば、私がここに論じたことがたとえ真実であっても、標準的市場理論を信奉する人々は、それを認めようとはしないであろう。それよりもむしろ、フリードマンの道具主義に代表される錬金術的偽装を信じようとするであろう。たしかに、科学の名における真理の探究によって、人間の自由が破却されるくらいなら、私も錬金術のほうがましだと思う。

それゆえ、必要なことは、物理法則を踏みにじる荒唐無稽な市場理論を信奉しなくとも人間の自由は失われはしない、ということを明確に示すことだ、と私は考える。自由とは、そのような錬金術によって守られるものではない。それは人間のあり方そのものにかかわるものであり、より深い普遍性を持つものなのである。また同時にそのような普遍性にもとづく経済学が、科学として成立しうることをも示す必要がある。次章以降、この問題を正面から論じていきたいと思う。

(1)本章の議論は安富歩『貨幣の複雑性』と密接に関係している。詳細に関心を持たれた方は、そちらをもご参照いただきたい。また本章は、本條晴一郎氏（東京大学東洋文化研究所リサーチフェロー）との議論に触発された。特に因果律についての議論は氏に負う部分が多い。

(2)塩沢由典、『市場の秩序学』、第三部。

(3)基数的効用の立場では、先に述べた組み合わせ爆発の問題は生じない。もしもっとも強い基数的立場をとり、財の価格がその財の効用に従って決まっているとすれば、一〇〇〇円分の財を買えば、一〇〇〇円分の効用を得たことになる。それなら買いものをするは簡単である。もちろん、ランダムに一〇〇〇円分の買いものをして、それで満足できるか、と言えばそんなことはない。しかし、ある満足水準を考えて、それを満たすような組み合わせに出合えば、それを購入する、というような行き当たりばったりの戦略であれば、計算時間をまともな範囲内に抑えた上で、そこそこまともな行動ができる。これはアメリカの認知心理学者、政治学者、計算器科学者、経営学者、理論経済学者であるハーバート・サイモンの言う「満足原理」である。物理法則を破る仮定に依拠する議論は、荒唐無稽である。そのような仮定を置くよりは、基数的効用の仮定を置くほうがまだ罪が軽い。

(4)熱力学第二法則を詳細に説明する余裕はないが、簡単に言えば、熱い物体と冷たい物体とがあるとき、熱は、熱いほうから冷たいほうに向かって流れ、逆は起きない、と言う原理であり、時間の不可逆性と密接に関連している。熱力学第二法則と情報との関係について、もう少し詳しく説明しておこう。

もしもエネルギーの消費や物質の移動なしに情報が取得できるとすると、「マックスウェルの悪魔」

の存在を許してしまうことになる。「マックスウェルの悪魔」とは、以下のような仮想的存在である。

ここに均一な温度の気体で満たされた容器があるとしよう。気体の温度は分子の速度の分布に対応しているので、温度が高いということは素早く運動している気体分子が多いということであり、温度が低いということはのろい分子が多いということである。温度が均一というのは、この容器のどの部分をとっても、分子の速度の分布は同じだ、ということを意味する。注意すべきは、「分子の速度の分布」が均一であっても、「個々の分子の速度」は均一ではない点である。

さて、この容器を小さな穴の開いた仕切りで二つの部屋に区切ってみよう。その穴に個々の分子を見ることのできる小さな悪魔を置き、穴を開け閉めさせる。この悪魔は、素早く動く分子が穴に来たら、左から右に行くときのみ通行を許し、逆方向の場合には穴を塞いでしまう。のろい分子が来たら、右から左に行くときのみ通行を許す。悪魔はこの作業を、エネルギーを使わずにできると想定されているところがみそである。この操作を悪魔がくり返すと、右側の部屋には速い分子が集まり、左側の部屋にはのろい分子が集まることになる。つまり、悪魔は物理学的な意味での仕事をすることなしに、左側の温度を下げ、右の温度を上げることができる。

もともと均一であった温度が、不均一の状態にひとりでに移行するという事態は、熱力学第二法則と矛盾する。

(5) 葛城政明、「実証経済学の方法と実在」、一〇七〜一二二頁。

第二章●「選択の自由」という牢獄

選択の自由と合理的個人

　前章では現代経済学の非科学性を確認するとともに、その市場理論への信仰を支えるものとして、「自由」に対する人々の希求があることを見た。経済学におけるその「自由」とは、つまるところ「選択の自由」である。選択の自由とは、人間が選択に直面した場面において、可能な選択肢がすべて与えられている、という状態である。それゆえ、与えられたすべての選択肢のなかから自由意志にもとづいて合理的に選択をして、その結果生じたことは、その人に責任がある、ということになる。何ものかに対処せねばならない責務としての責任は、この選択を通じて生じる。

　逆に、選択肢が十分与えられなければ、その人は不自由である。極端な場合、選択肢が一つも与えられていないなら、その人は強制されているのであり、そこで生じた結果に対しては責任がない。あるいはまた、何らかの理由によって合理性が失われる精神状態にあったなら、たとえ選択肢が与えられていても、責任はない。

　経済学は、このような選択の自由を執行する合理的個人を前提として構成されている。そして、それは経済学に限ったことではない。西欧においては、これが合理的思考の一般的な前提であり、さまざまの自由は、究極的に「選択の自由」の問題として認識される。

これは日本人の「自由」の考え方とずれるところがあるのかもしれないが、西欧を起源とする近代の法律や社会科学は、基本的にこの想定の下に構成されている。そのため、「自由＝選択の自由」という考えを意識していなくとも、法律的あるいは学術的タームを用いると、知らないあいだにこういう思考を駆使することになっている。

ところが、この「選択」という考え方は、本質的な問題を抱えている。第一にそれは人間を正しく捉えていない。第二にそれは実行不可能である。すなわち、「選択の自由」という考え方は、現実の人間の思考過程を反映しておらず、その上、実行不可能の不条理な論理である。この想定をまじめに受けとってしまうと、世界が不条理に満ちているように思えて、「自由の牢獄」に捉えられてしまう。本章では、経済理論への信仰を支える「自由」が、逆に私たちが生きる上での呪縛となっていることを示すために、この「選択」という思想の持つ本質的な問題を論じることとする。

責任はどこから生じるか

アメリカの哲学者ハーバート・フィンガレットは、なぜか日本ではほとんどその名が知られていない(1)。フィンガレットは特異な哲学者である。なぜなら、人間の倫理という問題を、専門用語を振り回さずに正面切って議論するからである。自伝的文章によれば、学生時代に学んだ哲学は、あまりにも抽象的であり、「私がしていることは、永遠の助走であり、倫理的関心を体系的に回避することであり、テーブルを用意しつづけるばかりで一口も食べないようなものだ、と考えるようになった」という。(2)

そこでフィンガレットは、精神分析学の研究にとり組み、また実存主義などの大陸哲学を消化し、それを英米哲学の伝統である明晰性を重んじて議論した。さらに、具体的な問題との接触を求めてアルコール依存症や、具体的な裁判の場面での個人の法的責任といった問題を研究した。アメリカではアルコール依存症を「病気」とみなすことが普通であり、それを根拠として法的責任を免ずる論調が強いが、フィンガレットは、それが生き方の問題であるとし、よって免責すべきではないと主張した。連邦最高裁判所の判決においてフィンガレットの論考が引用されたことで、この考えは世間の憤激を買ったという。(3)

このような具体的問題へのとり組みのみならず、フィンガレットは、旧約聖書の『ヨブ記』について深い考察を加え、さらにはインドの聖典『バガヴァッドギーター』『論語』といった東洋の古典を論じた。『論語』の研究に際しては、漢文の勉強をして直接テキストを読んで新しい解釈を生み出し、欧米の論語研究の方向を大きく転換させたとされる。

カリフォルニア大学サンタバーバラ校の哲学教授という高い地位を占めていた学者で、多数の著作を持ち、これだけ八面六臂《はちめんろっぴ》の活躍をしながら、日本で軽視されているというのは、不思議でもある。わかりやすい言葉で議論するというところが、哲学者らしくなくてよくなかったのであろうか。

この刺激的な哲学者は、「選択」という概念について重要な指摘をしている。フィンガレットは、「個人の自律と自由の本質」あるいは「自由選択の本質」について論じ、次のように述べる。

「選択（Choice）」という問題を、哲学的観点から考える場合、私たちのほとんどは普通、何らかの目的のための手段・行為の選定（selection）を意味するもの、と言外に想定する。たとえ固有の目的それ自身が明示されていないような「選択」を考える場合でも、暗黙のうちに、はっきりとした欲求の対象となる、はっきりとした目的がある、と想定している。たとえばAが好きで、Bが嫌いだとする。するとAを選択する。この場合、選択の対象も欲求や嗜好も、ともに質的量的に確たるものとして与えられるとされる。なすべきことは「断固たる」「決心」のみである。選択は、肩をいからせて、前進するという身振りと結びついている。明らかに私たちは、選択を「岐路（crossroads）」というモデルで考えてしまっている。選択の際には、私たちは岐路に立ち、次の一歩を踏み出すために、慎重にであれ軽率にであれ、どちらかの道を選らばねばならない。「岐路」は人を決断の「瞬間」に置く。これが、選択の本質についての省察に決定的影響を与えがちなステレオタイプである。（Fingarette, *Self in Transformation*, pp.54-55）

このように、岐路に立って進むべき選択肢が与えられている状態が「自由（freedom）」であり、それを自らの意志で敢然と選びとることが「自由意志（free will）」の発露である、というのが、西欧流のステレオタイプだという。

フィンガレットはさらに、「責任（response）」という概念が「選択」と結びついていることを指摘する。たとえば、二つの相容れない道徳的要請のうち、一つを選ばねばならないという場面を考えよう。そのとき、

西欧人（A Westerner）はほとんど不可避的に、苦慮した挙句……、二つの重い責務が相容れない場合、選択せねばならないことを強調する。そしてこの宿命のうちに、悲劇と責任と罪と呵責《かしやく》との種を蒔くことになりかねない、決定的な選択を行う。（Fingarette, *Confucius*, p. 23）

フィンガレットの議論は、次のようにまとめることができよう。西欧のステレオタイプ的発想では、人間はしばしば選択せざるを得ない岐路に立たされ、そこでは同等な選択肢が与えられる。そこで自らの意志に従っていずれかの選択肢を選び出すことが自由の本質である。その結果生じる事態に対しては、選択した本人が責任を負い、それが悲劇をひき起こせば罪となり、良心の呵責《かしやく》に苛《さいな》まれる。

右に引用した文章に続けてフィンガレットは、このステレオタイプが、現実に対応していないことを指摘する。日常的な細々《こまごま》した選択は、ほとんど慣習やルーティーン、反射によって行われている。

これに対してまれな重大な選択は、ときには突然に、ときには徐々に行われるが、つねに意図しない（involuntary）で行われる。このような重い選択を行う場合、逡巡《しゅんじゅん》と熟考の末に、全体が溶け合って一つの意味のあるパターンがおのずから立ち現われ、「どうするべきか、今、わかった」「何をすべきか、今、わかった」という形で、「これがそうだ」ということを発見する。このような決定はあれこれ計算してなされるのではなく、すでに決心ができている自分に気づくのである。こうした創造的発見は、「受け身（passivity）」である。

フィンガレットが指摘していることは、人間の意思決定は、意識と無意識との双方の関与によって実現されており、意識的な判断だけではなされていない、ということである。人間は「こうしよう」という形で決断するのではなく、「そうなってしまう」という形で決断するのである。

無意識に生じる自己欺瞞

「そうなってしまう」のが決断の本質である、という考えは、危険性をはらんでいるように見える。なぜなら「自分ではそんなつもりがなかったのに、そうなってしまった」という責任逃れを許すからである。これこそが「自己欺瞞（self-deception）」という問題である。

フィンガレットは言う。自己欺瞞という概念は、哲学上の難問を構成している。「自分自身に嘘をつく」「自分自身を騙す」「自分で嘘だとわかっていることを信じる」というのは、明白な自己矛盾のように見えるからである。しかしこれは矛盾でもなんでもない。矛盾に思えるのは、「何かを考慮に入れたり、知的に対応したりするときに、私たちは自分がやっていることに注意を向けているに違いない」という仮定を置いているからである。この仮定がそもそも間違っており、私たちは多くの知的な判断や処理を無意識のうちにやっている、というのである。

その例として、フィンガレットは次のような事態を挙げる。少し長いが引用する。

私がここで座ってものを書いているとき、私はこの瞬間にペンとインクとで紙に表現している思想に意識を向けている。あるいは、議論を進める便宜のために明確な言葉で言えば、私の注意の焦点は、その時点の私の考えに集められている。その焦点は、紙の上に物理的に出現しつつある言葉にも集められている。もちろん、私はある特定の握りでペンを保持しており、その握り方は、私がペンとインクとでものを書くときにいつも使っているやり方である。しかしながら、私の注意は、ペンの周りの私の指の位置に向けられてはいない。少なくとも、たった今、その握りについて考え、書きはじめるまでは、注意が向けられてはいなかった。私はいつもいつも、うまく握っているのであるが、言うならば「考えないで」そうしているのである。これは「慣れ」である。……私はこのすべてに継続的に順応しているが、それはむしろ「考えないで（without thinking）」「潜在意識で（subconsciously）」「無意識のうちに（unconsciously）」やっている。これはつまり、私は私の注意をそこに向けていない、ということを意味する。

(Fingarette, Herbert, *Mapping Responsibility*, p. 78)

このように詳細に「書く」という行為を描写した上でフィンガレットは、私たちが何かについての知的な考慮さえも、それに注意を向けないでやっているということの重要性を強調する。たとえば、フィンガレットは、ものを書いているときに耳に飛び込んでくる、自分に関係のない車の音にはまったく気がつかないが、家族が買いものに行って帰ってきた車の音には気がついて、ペンを置いて荷物を運ぶのを手伝いに行くことができる、と言う。

この場合、どちらの車の音も本当は聞こえているのであるが、自分に関係ない車の音は「関係ない」と判断して気づかないようにしている一方、家族の車の音は「関係ある」と判断し、気づくようにしているのである。これは、「気づかない」ようにしたり、「気づく」ようにしたりという判断を、自分で「気づかない」ようにやっていることを示す。

同じことは、たとえば、複数の人とパーティーで環《わ》になって、おしゃべりしている場面を考えてもよい。そのうちの一人とあなたが白熱した議論をはじめたとしよう。そうすると、他の人がどんなに声高に話していようとも、議論の相手の声だけがくっきりと聞こえて、他の音は雑音になってしまう。ところが、誰かが議論に介入してくると、その声が突然はっきり聞こえるようになる。この場合、私たちの耳は、議論の内容に踏み込んで、どの人の声を聞きとるべきかを判断し、聞こえるようにしたり、聞こえないようにしたりという切り替えを、自分で気づかないままに実行している。

これが私たちの心の普通の状態であることを認めれば、自己欺瞞が少しも矛盾でないことは明らかである。たとえば自分が恥ずべき行為をしてしまったとしよう。それが与える罪悪感や呵責がつらいとき、それに注意が行かないように潜在意識で判断して、自分でも気づかないようにすることは、十分に可能である。そうして意識を、自分の行為を正当化する理由のほうに向けたり、正しいことをしているというアリバイ工作に向けたりする。人はこのようにして、責任逃れをする。

しかし、この責任逃れは無償でできるのではない。こんなことをしてしまうと、自分の行いの現実に目を向け、それに十分な注意を払うことができなくなる。そうすると、ものごとをより精妙に創造的に扱うことができなくなる。そして、自分自身のありさまを知るという、痛みをともなうけれども、もっとも貴重な機会を喪失する。

フィンガレットはしかし、このような無意識の作動を無条件に非難するわけではない。「自分を騙すことは、人が耐え難い災厄に打ちのめされないようにするためには、心理的に必要なことかもしれない」と擁護する。自己欺瞞とは、つまるところ、私たちの高度な無意識の作動を悪用することである。それが悪用であるかどうかは、状況次第で決まる。

フィンガレットは、このような自己欺瞞に陥らず、自分が無意識に行なったことを含めて反省し、自分のあり方を改めることが「責任をとる（accept responsibility）」ことの真の意味である、とする。この意味での責任とは、今の自分のあり方について、それを将来に開く形でとるべきものである。

責任をとるべき理由を過去に求めようとすれば、つねに「私のせいではない」と言いたくなる。しかし、責任をとるべきは、過去についてではなく、今の自分自身のあり方についてである。「罪は過去に関するものであり、責任は将来に関するものである。（Guilt is retrospective; responsibility is prospective.）」

それゆえ、過去に起きたことへの責任は、将来に向けての自分の責任にかかわる形で、派生的に生じるにすぎない。フィンガレットが、アルコール依存症によって苦しめられている人を「患者」扱いして、免責することに反対するのは、このためである。このような人々を免責することは、自分を傷つけ、他人に迷惑をかけるアルコール依存というあり方を反省し、将来に向けて踏み出しそこから抜け出す道を、塞いでしまうことになるからである。

ヒトラーの破壊性

自己欺瞞の典型的な例は、アドルフ・ヒトラー（一八八九年生～一九四五年没）である。一九世紀の終りの年に生まれ二〇世紀の大半を生きた社会心理学者のエーリッヒ・フロムは、ヒトラーについて次のように指摘する。

ヒトラーは、意識的には、ドイツにとって最善のことを望んでいると信じていた。それはドイツの偉大であり、ドイツの健康であり、ドイツの世界的意義であり、その他もろもろであった。彼は残忍きわまる命令を発したけれど、はっきりと――私たちが知りうるかぎりでは――残忍さから行なっていると自覚したことはまったくなかった。彼がつねに自覚していたのは、自分の行為はドイツを救うという願望によるものであること、運命の名において、人種の名において、神意の名において、歴史の法則を実現するためであること、であった。ところが彼は、自分が破壊の欲望を持った人間であることを意識していなかったのである。彼は斃《たお》れた兵士たちや破壊された家屋を直視しえなかった。それゆえ、第二次世界大戦中、けっして前線に行かなかった。個人的な臆病さからではない。むしろ、自分の破壊欲の具体的な結果を目のあたりにすることに耐えられなかったのである。……ヒトラーは、自己の破壊欲の実体を見ようとはせず、それを抑圧し、自分の善意のみを体験していたのである。（フロム、『人生と愛』、一二五〜一二六頁）

このヒトラーの例は、人間という生きものの持つ自己欺瞞の能力が、まったく驚くべきものであることを示している。全世界を戦火に巻き込み、何千万という人間を死に追いやるような深刻な破壊欲に、本人がうっかり気づかないでいることができるのである。フィンガレットは『自己欺瞞』と題された書物の冒頭で、「人間の自己欺瞞の巨大な能力」を正面に据えて考えることが、人間の姿を描き出す上で特に重要であることを指摘した。このことを無視して、合理的選択に議論を限定すれば、人間や社会について、合理的な議論ができる可能性はない。合理的選択の範囲内で合理的議論を構成することにこだわるなら、それは錬金術と同じことになる。

エンデの描く「自由の牢獄」

ドイツの作家ミヒャエル・エンデには、『自由の牢獄』という短編がある。舞台は前近代のバグダッド、主人公は「インシアッラー（神の御意のままに）」と呼ばれる盲目の乞食である。この乞食が、教主《カーリファ》の前で、自分の恐ろしい体験を語る。

この男は若いころ、みずみずしい力に満ち、うぬぼれた思い上がりで頭がいっぱいであった。そのため、「ギリシャの酒飲みと豚食いの影響」に陥り、「人間には自由な意思があり、おのれの裁量で、あくまでもおのれのなかから善や悪を生み出す」と信じ込むにいたった。このため、神の懲らしめを受けることになり、イブリース（イスラムの魔王）の誘惑を受けた。

男は、美しい踊り子に化けたイブリースに誘われ、不思議な場所に閉じ込められた。その場所は、巨大な円形の天井を持つ円形の建物のなかにあり、中央に円形の臥床《がしょう》があった。その円形の壁には、百十一もの同じ形の扉が均等にならんでいた。

この男の耳には、いつもイブリースの声が聞こえた。その声は、見分けのつかない多数の扉のなかから一つの扉を選ぶように迫りつづけた。声は次のように警告した。

「ある扉の向こうには、血に飢えたライオンが待ち構えていて、おまえを引き裂いてしまうかもしれぬ。また、別の扉の向こうは、かぎりない愛の歓喜をおまえに与えんとする妖精で一杯の花園かもしれない。三つ目の扉の後ろには、大男の黒人奴隷が不気味に光る剣をかまえ、おまえの首を打ち落とそうとしているやもしれぬ。四つ目の扉の陰には深淵が口を開けていて、おまえはそこに落ちるかもしれぬ。五つ目の扉の後ろには金や宝石が一杯入った財宝庫があり、宝はおまえのものになるかもしれぬ。六つ目の扉の向こうには、恐ろしいグール（食人鬼）が、おまえを食わんとして待ち構えているかもしれぬ、といった具合だ。必ずしもそうだとは言わぬ。だが、そうかもしれないのだ。いいか、ここで、おまえはおのれの運命を選ぶのだ。良き運命を選ぶがよい」（エンデ、『自由の牢獄』、二一九頁）

この百十一の扉には鍵がかかっておらず、それゆえこの男は閉じ込められているわけではない。しかしこの扉は、一つを開けた途端に他の扉はすべて永遠に閉じられる。しかも、どの扉もまったく同じで何の手がかりもない。

「つまり、選ぶ理由は何もないというわけか?」わしは涙声で叫んでいた。「理由はまったくない。おまえがおのれの自由意志で決めたというほかは」「だが、どうして」絶望の思いでわしはわめいた。「どうして決めることができるのか? 扉がどこに通じているのかわからないのに」

枯れ葉が風に舞うような音が聞こえた。それは姿なき笑い声のように響いた。「それを知っていたことが一度でもあるのか? 生まれてからこれまでというもの、おまえはあれやこれやと決めたときに、理由があると信じていた。しかし、真実のところ、おまえが期待することが本当に起こるかどうかは、一度たりとも予見できなかったのだ。おまえの理由というのは夢か妄想にすぎなかった。あたかも、これらの扉に絵が描かれていて、それがまやかしの指標としておまえをだますようなものだ。人間は盲目だ。人間がなすことは、暗闇の中へとなすのだ。……」

「知っているとも」わしは急いであいづちをうった。

「だからこそ、人が決めることはすべて、この世のはじまりから、アッラーの世界の計に前もって記されていると言われているのだ。良き決断であれ、悪しきそれであれ、愚かな決断も、賢《さか》しいそれも、おまえがおこなう決断という決断は、まさにアッラーが全部おまえに吹き込むのだ。アッラーは盲人の手をとるように、おまえを思うままに導く。すべてはアッラーが定めたこと《キスメート》だというではないか。そして、それは大いなるアッラーの恵みだとも。だが、ここではおまえにアッラーの恵みはない。アッラーの手はおまえを導かないぞ」（エンデ、同書、二二七～二二九頁）

この自由の牢獄で男は、ひたすらに逡巡をくり返し、果てしない時間の経過のなかで、やがて疲れ果てて扉のことを考えないようになる。すると百十一あった扉が八四に減り、それは目が覚めるたびに減りつづけた。やがて向かい合う両側に、扉が一つずつ残るだけとなった。それでも男は選ぶことができなかった。

そしてついに扉が一つだけ残ったとき、「そこに残るか、それとも去るか」という決断を迫られた。男はそこに残った。

その次に目覚めたとき、扉はなくなっていた。壁はぐるりと一周し、白くぬっぺりとしていた。そしてイブリースの声もようやくやんだ。男は床に顔を伏せ、泣きながら、次の言葉を発した。


「この上もなく慈悲深き、気高き、尊き者よ、ありがたいことだ。自己欺瞞をことごとく退治し、偽《いつわ》りの自由をわしから奪ってくれた。もはや選ぶことができず、その必要もなくなった今、自己意志に永久の別れを告げ、不平不満をもらすことなく、理由も問わず、あなたの聖なる御意《みこころ》に従うことがやっとたやすくなった。わしをこの牢獄へ導き、この壁の中に永久に閉じ込めたのがあなたの御手《みて》ならば、わしは満足しよう。われら人の子は、盲目という御慈悲が与えられぬかぎりは、とどまることも去ることもできない。盲目とはわれらを導く御手。わしは自由意志という妄想を永久に放棄しよう。自由意志とはおのれ自身を食らう蛇にほかならないからだ。完全な自由とは完全な不自由なのだ。不安や知恵というものはすべて、全能にして唯一の者、アッラーのもとにだけあり、そのほかは無にすぎない」(エンデ、同書、二三七頁)

こう言い終わると男は意識を失い、気づいたときには盲目の乞食となり、バグダッドの城門の前に倒れていたのである。

牢獄のなかの二つの自由

この物語は、いかにもエンデらしい示唆に富んでいる。何よりも興味深いのは、多数の扉のついたこの不思議な部屋が、フィンガレットの言う選択についての西欧的ステレオタイプを見事なまでに表現している点である。訳者の田村都志夫が解説で述べているように、舞台はバグダッドであるが、論じられているのは「全能の神」と「人間の自由」との矛盾に関する、キリスト教神学の永遠のアポリアである。

主人公はまったく本質的に同等な百十一の選択肢を与えられ、それが「完全な自由」だとされる。つまり自由とは「選択の自由」のことである。可能な選択肢がすべて与えられていれば、その人は「自由」であり、それゆえその状態で選んだ扉を開けて生じた結果は、自分で引き受けねばならない。これが「責任」をとることである。こうして自由と責任とが結びつく。逆に、選択肢の一部が選択不能であれば、自由が制約されている。そうしてやむを得ず選んだ扉を開けて生じた結果については、免責される。

よく訓練された哲学者や社会科学者や法律家を除けば、日本人にとって、「自由」という言葉から、多数の扉のついた部屋を想像するのは普通ではない。私たちが「自由」という言葉から思い浮かべるのは、たとえばフーテンの寅さんである。

世間のしがらみにとらわれず、風の向くまま気の向くまま、明日をも知れぬ身でありながら、恐れを抱くこともなく、さすらう風来坊である。この自由のイメージは、網野善彦の「無縁」の概念と密接に関係している[(4)]。

日本語の「自由」が与えるイメージが、無縁者の姿であるとすると、それが「責任」と結びつくことは考えられない。なぜなら日本語の「責任」とは、どんなに嫌でもその場にとどまり、与えられた「役」を果たすことだからである。役を果たせない者は「役立たず」であり、人間扱いしてもらえなくとも文句は言えない。たとえば、『大辞泉』の「責任」の項には、「立場上当然負わなければならない任務や義務」という説明が与えられている。日本語の責任は「立場」から生じるのであり、「選択」から生じるのではない。

日本人が「自由は責任をともなう」などと言われても、サッパリ腑《ふ》に落ちないのは当然である。せいぜい思いつくことは、「人間を自由（＝無縁）にすると、何をしでかすかわからないので、多少は責任（＝縁）で縛りつけておく必要がある、ということだな」というような理解である。「自由」は共同体に帰属せずに漂泊する人生と結びつき、「責任」は共同体に帰属して定住する人生と結びついていると考えている人にとっては、フィンガレットのいう岐路や、エンデの扉だらけの部屋を思いつくのはむしろ不自然である。

「共同体」については第六章でさらに見ていくことにして、ここではもう少しエンデの物語を読み込んでいこう。この物語の興味深い点はほかにもある。エンデの主張では、選択の自由というものは、じつはまやかしであり、結局のところ本質的な選択などそもそもできないのであり、合理的選択を迫られる現代人は「自由の牢獄」に捉えられている、ということになる。

扉の数が無数にあり、その上、正しいと思って選んだことでも、期待通りの結果が出ることなどありえない、という指摘は、数理科学の観点からすればじつに正しい。

第一に、すでに述べた計算量爆発という問題があり、現実の問題への対処を考えようとすると、選択肢の数がとてつもない数になってしまうからである。エンデの物語では、百十一の扉という数が「狂気」を示すことになっているが、これは計算量爆発の問題を指していると解釈しうる。

第二に、非線形性という問題がある。線形性というのは、大雑把に言うと、原因aが結果Aをもたらし、原因bが結果Bをもたらす場合、原因（a＋b）が結果（A＋B）をもたらすという関係が維持されている事態である。

箒《ほうき》で部屋を掃除すれば綺麗になり、雑巾で掃除しても綺麗になるから、箒と雑巾とで掃除するともっと綺麗になる、というのは、おおよそ線形性を満たしているとみなすことができる。しかし、塩素系の漂白剤でトイレが綺麗になり、酸性の洗剤でもトイレが綺麗になるので、両者を混合するともっと綺麗になるかというと、そうはいかない。こんなことをすると、塩素ガスというきわめて強力な毒ガスが発生して、下手をすると死んでしまう。これはまったくの非線形現象である。

もしあなたが今後、ラブレターを書く可能性があるなら、それもまた非線形性が強いことに注意したほうがよい。たしかに、ラブレターを書くと振り向いてもらえる可能性が上がるだろう。しかし線形的発想をここで展開すると、一通書くより二通書いたほうが二倍振り向いてもらえる、と思ってしまう。ということは一〇〇通書けば一〇〇倍、一〇〇〇通書けば一〇〇〇倍振り向いてもらえることになる。しかしこんな愚かな発想を実行に移せば、振り向いてもらえるどころか、警察に通報される。

世のなかは非線形性に満ち満ちており、こうすればこうなるだろう、と思ってやったことが、そのまま実現するということはむしろまれである。思いもかけないことが起きて、とんでもない結果になることがしばしばある。

計算量爆発と非線形性という二つの問題は、「選択の自由」という概念を無意味化する。選択の扉は無数にあり、しかも扉に描いてある絵は、まやかしである。選択肢が十分に与えられているということに、どれほどの意味があるというのであろうか。このようなものを与えられた上で、扉を開けた結果に責任を引き受けろと言われても、それはできない相談である。これを強制されるならそれは、「自由の牢獄」にほかならない。

三つ目の興味深い点は、選択の自由が無意味であると悟った主人公が、今度は、すべてが神によって事前に決定されており、その導きに従う以外に人間のできることはない、という極端な結論にジャンプすることである。

「自由の牢獄」を逃れて盲目の乞食となった主人公は、「神の御意のままに」を意味するインシアッラーという名を名乗り、自分は「人の授かる最上のものを持っている」と考えている。つまり、神の御意に盲目的に従うことこそが、真の自由だというわけである。

しかし私は、このような決定論的宇宙観を受け入れる気にはなれない。なぜなら、後に見るように、この考えこそが、人類を滅亡に導いている諸悪の根源とも言い得るものだからである。私たちは、この物語の提供する「選択の自由」も、「神の御意に従う自由」も、いずれも受け入れるわけにはいかない。

西欧的自由のゆくえ

人間の自由を「選択の自由」とする見方は、西欧思想の根本に据えられている。この前提なしに「自由」について論じることは、ほとんど不可能なようである。

ところが、エンデの物語が示すように、そのような自由は人間を自由の牢獄に追い込んでしまう。その恐怖に耐えられない場合、全知全能の神に服従することで、精神の平安を求めることになる。まさに、扉が一つ残らず消えたことを神に感謝するエンデの物語の主人公のように、である。このどちらもが、人間の精神のための自由を奪う、危険な思想である。

次章では、このような自由の観念の自己崩壊のダイナミクスを論じたいと思う。ここで私が依拠するのは、エーリッヒ・フロム（一九〇〇年生～一九八〇年没）とマイケル・ポラニー（一八九一年生～一九七六年没）とである。彼らの見解はいささか異端ではあるが、それだけに、ことの真相を教えてくれるように思うからである。

彼らの思考は、自由主義経済が大恐慌によって崩壊し、そのなかからナチスなどの全体主義が興隆し、さらに第二次大戦後にソ連を中心とする社会主義諸国が勢力を拡大する時代において展開された。なぜこのような自由主義の崩壊が生じたのか、その理由を探求した彼らは、人間の本性に反した自由の概念に、根本的な問題があることを発見したのである。

---

(1)フィンガレットの書物のなかでは、唯一、『孔子――聖としての世俗者(*Confucius: The Secular as Sacred*)』が翻訳されており、平凡社ライブラリーに入っていたが、長らく品切れになったままである。大学図書館の総合目録検索システム(NACSIS Webcat)で調べても、日本の大学図書館でこの本の英語版を所蔵しているのはわずか六ヵ所であり、二〇〇四年に出た論文集*Mapping Responsibility*にいたっては、どこにも所蔵されていない。

(2)Bockover, Mary I. ed., *Rules, Rituals, and Responsibility: Essays dedicated to Herbert Fingarette*, p. xxi

(3)彼の退官記念論文集にはこの問題を論じた「ハーバート・フィンガレット:過激なリビジョナリスト~なぜ人々はこの引退する哲学者にそんなにも腹を立てるのか?」という論文が収録されている。(Bockover, Mary I. ed., *Rules, Rituals, and Responsibility: Essays dedicated to Herbert Fingarette* pp. 37-53)

(4) 網野善彦、『増補　無縁・公界・楽』。網野は日本社会に根ざした自由の根源を求めて中世文書を博捜し、「無縁」「公界」「楽」という三つの言葉に行きついた。この三つはそれぞれニュアンスを異にするが、このなかでもっとも重視されるべきは無縁である。人々のつながりたる「縁」が呪縛に転じたときに、そこから逃れでて「縁切り」をしようとする人間の本源的衝動を基盤として無縁は成立する。この縁切りを可能にする社会的な慣習や制度が無縁の世界を創出する。この概念は「選択の自由」を超えて思索を展開するための鍵を提供してくれるものと考えてよいが、本書ではそれを詳述する余裕はなく、今後の課題としたい。その初歩的な考察は安冨歩「無縁・貨幣・呪縛」を見られたい。

第三章●近代的自我の神学

「選択の自由」の背後にあるもの

前章で見たように、西欧的なコンテキストでは、人間の自由について語るとき、選択の概念なしで済ますことはほとんど不可能であるらしい。

本章ではまず、フロムの『自由からの逃走』に依拠しつつ、「選択の自由」の宗教的背景について考える。もっとも、それは宗教に限定する議論ではない。私が示そうと思うことは、私たちが経済や政治といった場面において口にする「選択」「自由」「責任」などといった言葉が、濃厚なキリスト教的色彩を帯びており、それが大きな認識上の障害となっている、ということである。この色眼鏡をかけてしまうと、生き生きとした現実を見ることができないようになり、そこからの脱却なしには現代における諸問題についてまっとうな思考を展開することは不可能である。

フロムは、自愛（self-love）と利己心（selfishness）とがまったく異なっており、利己心が強迫神経症的な性質を帯びていると指摘する。そして近代人の「自我」が「社会的自我」にすぎないことを示す。この観点から、いわゆる市場経済理論が、人間が神に盲目的に従うというプロテスタント的世界観と親和性の高いものであることを確認する。

その上で、ポラニーの「懐疑による自由の自滅」という観点を導入する。ポラニーによれば、近代の自由は宗教戦争の反動の上に出現した。それは当初、信仰上の信念というものが根拠づけ不能なものであり、それゆえ他人に押しつけてはならない、という寛容の論理として提出された。その自由はあくまで、信仰上の選択の自由に限定されていた。

ところが、その懐疑を徹底させると、いかなる倫理的信念もまた、根拠づけできないことになる。その結果、恥知らずな虚偽と暴力との体系もまた、高潔な倫理と同等の地位を与えられた。ところが、このような暴力的社会においては、寛容の生き残る余地は与えられておらず、「寛容の論理」としての自由主義は二〇世紀前半のヨーロッパ大陸においてあえなく崩壊したのである。

ここで示されることは、近代的自我を支えるものは、純粋な合理性などではなく、むしろ、狂信的とも言えるほどの神学的な渇望である、ということである。この特殊ヨーロッパ的信仰が、私たちを呪縛しているのである。

「失楽園」という神話

一九四一年に『自由からの逃走』（*Escape from Freedom*）を出版した時点でのフロムは、「選択」が人間にとって本質的な行為であるとする西欧のステレオタイプを明確に受け入れている。フロムは言う。

人間はその存在のはじめから、どの行動を採るかの選択に直面する。動物の場合には、連続的な反応の鎖がある。たとえば飢えというような一つの刺激からはじまり、その刺激から生みだされた緊張を解除するような、ともかく厳密に決定された行動で終わる。人間の場合には、その鎖がとぎれている。刺激はあっても、それを満たすやり方は「開かれて」いて、さまざまの行動のなかから選択しなければならない。(Fromm, *Escape from Freedom*, p.32)

このような「動物＝反応」「人間＝選択」という対立を、現代の生物学者は支持しないだろう。今日では、生物は絶え間ない意思決定を行なっている、と考えるのが普通である。それゆえ、人間の本質を「選択」に求める言明は、フロムがこの書物を書いた一九四一年当時のイデオロギーの反映にすぎない。

その上でフロムは、「人間と自由との根本的な関係について、特に雄弁に語っているのは、人間の楽園追放という聖書の神話である」として、「失楽園」の物語に言及する。エデンの園に住むアダムとイブとは、完全な調和のなかで暮らしていたが、食べることを禁じられていた善悪の知恵の木の実に手を出すという「選択」を行なったことにより、楽園から追放された。神という権威の命令に反抗し、罪を犯すこの行為は、人間の悲惨のすべてを作り出したが、それと同時に積極的には人間の最初の自由な行為であり、最初の人間的な行為である、とフロムは言う。

思想史的に跡づけることは私の力量をはるかに超えているが、フロムのこの失楽園神話の解釈は、とりたてて特異なものではないと見てよかろう。そして選択を人間の本質として見るイデオロギーと、この物語は無関係ではなかろう。

もちろん、このことは「選択の自由」という概念の起源が聖書にあることを示すものではない。たとえばプラトン、アリストテレスは、「自由」という言葉を人間個人に固有の属性として筋道立てた議論を展開しているわけではないが、これと並行して行為、選択、責任などについて議論しており、これが後世に影響を与えたと考えられるからである。(1) それでも、西欧世界で「選択」がかくも重要な地位を占めている背景に、この神話の存在を求めることは誤りではなかろう。

プロテスタントの世界観

フロムは、同じキリスト教でも、カソリックとプロテスタントとのあいだには、人間の自由について、深刻な違いがあることを強調する。(2) 宗教改革以前のカソリックの神学では、人間の性質はアダムの罪によって堕落したが、もともとは善を求めており、また人間の意志は善を求める自由を持っているとされる。人間の努力は彼の救済のために役に立ち、キリストの死の功業にもとづいた教会の「秘跡」と呼ばれる一連の儀礼によって罪人は救われる、と考えられていた。

このような立場からすれば、人間のなすべきことは、人生の岐路において正しい選択肢を選ぶように努めることである。間違った道を進み、間違った行いをすれば、後悔し罪悪感に苛まれる。純粋に倫理的経験として罰を受けるなら、あるいは努力して功徳を積むなら、それは倫理的負債を返済することになる。場合によれば、免罪符を購入することで、倫理的負債の返済の一助にすることもできる。こうして死ぬまでに、魂の穢《けが》れをある一定水準にまで引き下げることができれば、めでたく合格して天国に行ける。

これに対してマルティン・ルターとジャン・カルヴァンとに代表されるプロテスタントの神は、もっと酷薄である。ルターの根本概念の一つは、人間本性は自然的不可避的に悪であり背徳的である、というものである。人間性は堕落しており、善を選ぶ自由がまったく欠けている。救われる唯一の道は、自分自身がこのようなどうしようもなく下らない生きものであることを認めることである。自分の努力ではどのような善もなしえない、という人間の腐敗と無力とを確信することが、神の恩寵《おんちよう》の成立する本質的な要件である。

カルヴァンはルターよりもさらに酷薄な神を想定する。救済されるか、永劫《えいごう》の罰を受けるかは、人がこの世で善行を積んだか、悪行を犯したかの結果ではなく、人間が生まれてくる前から神によって予定されている、というのである。神がなぜすべての人間を救済せず、そんなひどい「選択」をするかというと、ただ神の無限の力を示したいからにすぎない、というのであるから、本当に意地が悪い。

その上、カルヴァンは、さらに意地悪な道具立てを用意する。それは、個人は自らの行為でその運命を変えることができないけれども、自分が選ばれたものであるという証拠を見つけることは可能だ、という設定である。これは、人間が神の期待に背かないように、たゆまぬ努力をすることができないなら、そのことそれ自体が、自分が救われていないことの証拠になる、という脅しである。

こうしてカルヴァンの教義において、人間の努力はその目的を失い、自己目的化する。自分はまったく無力であり、自らの救済のためには何もできないが、もしもサボるようなことがあると、それは自分が救われていない証拠となる。その恐ろしい証拠を突きつけられないためには、つねに何かに没頭して努力しつづけねばならない。このような人間の自己目的化した努力は、強迫神経症的であるとフロムは言う。

プロテスタント的な世界観においては、選択はそれ自身として意味を持たない。カルヴァンは『キリスト教綱要』のなかで、次のように言う。「もし人々が自分自身に従うならば、それは彼らを破滅させるもっとも恐ろしい害毒をもたらす。それゆえ、自分自身で何かを知ったり欲したりするようなことなく、われわれの前を進み給う、神によって導かれることだけが、救済の避難所をもたらすのである(3)」。

このようなプロテスタント的地平において人間は、自己の無力さと人間性の罪悪性を徹底的に承認し、全生涯をその罪業の償いと考え、極度の自己卑下とたえまない努力によって、自己犠牲と禁欲を貫き、自分は救われていないのではないかという疑いと不安とを克服すべき存在ということになる。ここにおいて人間は、自分を無価値とみなし、人間を超えた目的に服従することを正しいと考えるようになる。

以上のようなフロムの理解に従えば、前章で引用したエンデの物語で、主人公インシアッラーの到達した思想は、じつにプロテスタント的である。ただし、自由の牢獄に閉じ込められた覚醒以前の主人公の姿は、選択の自由があるからといって、カソリック的だと見ることはできない。なぜなら、この主人公は「善」を求めて選択肢に直面しているのではなく、利己的な選択を行なっているにすぎないからである。このような姿は、敬虔《けいけん》なカソリック教徒というよりも、近代的利己主義者の姿である。

自愛と利己心の違い

ここで不思議なことは、現代において「選択の自由」を重視している社会の代表である英米圏が、カソリック系ではなくプロテスタント系である、という点である。しかも近代人が、自己犠牲や禁欲というプロテスタント的行動ではなく、極端な利己主義にもとづく自己の利益の追求によって動かされているように見えるという事実とも矛盾する。

この矛盾を解決するためにフロムは、「自愛」と「利己心」との違いを明らかにする。フロムはまず「自愛＝利己心」という考えが誤りであると指摘する。

ルターやカルヴァン、またカントやフロイトの思想の根底にある仮定は、利己心と自愛とは同じものであるという考えである。他人を愛するのは徳であり、自己を愛するのは罪である。さ

らに、他人にたいする愛と自己にたいする愛とは相容れないという考えである。(Fromm, *ibid*, p.114)

この考えに対してフロムは、次のように宣告する。

この理論は、愛の本質についての誤った考えである。(Fromm, *ibid*, p.114)

では、なぜ、誤りなのであろうか。それは愛というものが、もともと特定の対象によって「ひき起こされる」ものではなく、「人間のなかに潜むもやもやしたもの(a lingering quality in person)」であり、「原則として、われわれをも含めたすべての人間やすべての事物に向けられるように準備されている」からである。愛が何らかの対象にのみ向けられているように見えても、それは「もやもやした愛(lingering love)」が特定の人物や事物に集中して表現されているにすぎず、排他的なものではない。このような「もやもや」は、当然ながら自分自身にも及ぶ。それが「自愛」である。(4)「もやもや」に対立するのは、「排他的な愛(exclusive love)」である。フロムは、「排他的な愛というのはそれ自身一つの矛盾である」とし、「ただ一人の人間についてだけ経験されるような愛は、まさにそのことによって、それは愛ではなく、サド・マゾヒズム的な執着(attachment)である」と厳しく指摘する。いわゆるロマンチック・ラブとして想定されるような「人が愛することができるのは世界でただ一人であり、その人と出会うことは人生の大変な幸運であって、その人への愛は他のすべてのものへの愛からの撤退を意味する」というようなものは、愛ではなく執着であると言う。

このように考えれば、「利己主義と自愛とは同一のものではなく、まさに逆のものである」というフロムの主張は十分に理解しうる。自愛とは普遍的な「もやもや」が自分のなかに形成されている状態であり、それは他者への愛として溢れ出す。それに対して利己主義とは、自愛の欠如を前提としており、その欠如を埋め合わせるために、他者に対して「排他的な執着」を向けている場合である。向かう対象が同じであっても、「愛」が向かう場合と「執着」が向かう場合とでは、その内容はまったく逆である。

さらにフロムは次のように利己主義者を観察する。

よく観察すると、利己的な人は、いつも自分自身のことを心配しているが、けっして満足することはなく、つねに落ち着かず、十分に得ていないのではないか、何かを失っているのではないか、何かを奪われているのではないか、という恐れに、いつも追い立てられている。自分より多く得ているような人への嫉妬で、身を焼かれている。さらによく観察すれば、特にその無意識のダイナミクスを見ると、この種の人は基本的に自分のことを好んでおらず、それどころか自分自身を激しく嫌っていることがわかる。(Fromm, *ibid*, pp.115-116)

利己主義は、まさにこの自愛の欠如の反映である。利己的な人間とは、じつは自分を愛しておらず、むしろ自分を嫌っている人間なのだ。自分を好まない人間は、自分の価値を認めることができない。そのために、自分の値打ちを自分自身に言い聞かせるべく、自分のためにあらゆるものを獲得しようとして、貪欲な目を光らせることになる。

社会的自我という偽装

さて、このように利己主義の本質を明らかにした上でフロムは、近代人が自分の利益のために動いていると信じながら、実際には自分のものではない目的のために動いている、という矛盾に陥っている、とする。なぜなら近代人は「自我」にもとづいて行動すると認識しながら、実際にはその「自我」は真の自我ではなく、「社会的自我（social self）」にすぎないからである。

社会的自我とは、「本質的に個人が演じるように期待されている役割によって構成され、実際には、社会のなかでその人の果たす客観的な社会的機能の、主観的偽装にすぎない、そのような自我[5]」のことである。社会的自我に自らを捧げる姿は、プロテスタンティズムの、神に蹂躙《じゅうりん》される個人の姿の焼き直しである。

フロムはそのような例として、パーティーに参加しているある男性を、次のように描写する。この人は、陽気でニコニコしており、パーティーにつどった人たちと親しそうに会話をしている。すべてはまったく幸福で楽しそうに見える。暇乞《いとまご》いをするときにも、彼は親しみのこもった笑顔を見せ、愉快な一夜をすごすことができました、と丁寧に挨拶する。ドアが彼の後ろで閉まる。――その瞬間、彼の表情が突然変わる。先ほどまでのあの輝くような笑顔は消えうせた。そのかわり、その顔には深い悲しみの色が、絶望に近い表情が現れる。――しかし、彼のこの表情はほんの二、三秒で消え去り、いつもの表情が戻ってくる。この人が帰りの車のなかで考えるのは、自分は今日みんなによい印象を与えただろうか、ということであり、いろいろと状況を思い出してみて、上首尾だった、と満足する。

しかし、実際のところ、この人は、パーティーのあいだ、「幸福」だったのであろうか、それとも「陰鬱《いんうつ》」だったのであろうか。そのあいだずっと、この人は、自分の本心、たとえば自分の処遇を左右する力を持つ上司のことが大嫌いであり、その男の前で笑顔を浮かべていることが不愉快きわまりない、とか、あるいは、このパーティーを開いている家の主人の様子が気に入らなかった、というような気持ちを、ずっと押し隠していた。それはたんに、相手に発覚しないように押し隠していたばかりではなく、自分自身に対してすら押し隠していた。その隠蔽工作がうまくいったので、「彼」は「上首尾」だったと「感じた」のである。

この「うまくいった」という「感覚」は、偽ものではない。「彼」はほんとうにそう「感じて」いる。しかし「彼」ならぬ彼本人は、ドアが背後で閉まった一瞬にだけ顔を出している。この瞬間に見えた表情は、本来の自我が、この隠蔽工作を果たしているあいだずっと、その露呈におびえ続けていたこと、この工作が嫌でたまらなかったことを示している。「この男は、神経症でもなければ、催眠術にかかっているのでもない。彼はむしろ正常な人であり、近代人にとってあたりまえの、人に認められたい、という欲求と必要を抱いているだけである。彼は自分の陽気さが『自分の』ものではないことに気づかない。なぜなら、その状況にふさわしい感情を抱くことにあまりにも慣れており、何か『変だ』と感じるようなことは、あたりまえのことではなく例外だからである[6]」。このような「正常」な人は、自分の意志が他人からの要請にもとづく「社会的自我」によるものであることに、もはや気づかない。

このようなことは、「毎日学校へ行きたい？」と聞かれて、「もちろん行きたい」と答える子どもについても言える。ときには学校に行きたいこともあるだろうが、そんなところに行かないで遊びたいことの方が多いかもしれない。それでも、学校へ行かねばならないという無言の圧力が非常に強ければ、行きたくないという気持ちを抑え込んでしまい、「『毎日行きたい』と思っている」と思ってしまう。

あるいは、「結婚」についても同じである。多くの人は「自発的に」、自由な意志にもとづいて「結婚」する相手を選択し、「結婚」したと考えている。しかし、注意深く観察すれば、義務感のようなものに促されて、一連の出来事に流されて、もはやそこからおりられなくなり、「自分はこの人と結婚したいのだ」と信じ込んでいたにすぎないことがわかる。そうしてその信じ込みが、じつのところ必ずしも真実ではないと思い知るのが結婚式の当日であって、突然、パニックになって逃げ出したいという衝動に駆られる。しかし彼が「分別のある」人なら、この衝動は二、三分で消え去り、無事に式を挙げる。もし後から、「自分の意志で結婚したのですか」と聞かれたら、ゆるぎない確信を持って「間違いなくそうです」と答えるはずである。(7)

フロムの書物のこの箇所を読むと、ぞっとさせられるが、ここに描写されている例は、まったくそのまま、私自身の事例に該当する。こういった「社会的自我」に駆られて「日常」を送り、「喜んで」学校へ行き、挙句の果てに二度も「結婚」した。一度目は、相手の女性が苦悩と恐怖とのためにパニックになって精神のバランスを崩し、式の最中にウエディング・ドレスのまま暴れ出して破談となった。二度目は私がパニックになりながら、「分別」を発揮してそのまま「結婚」したが、苦悩と恐怖に耐え切れず、十二年後についに逃げ出した。

自分自身のことを自分自身で決定できないのは恐ろしいことであるが、それ以上に、この自我の喪失に、気づくことができないことが恐ろしい。苦しみのなかにあるときに、自分をなだめる私の常套《じょうとう》手段は、「自分はましなほうだ」「自分の境遇は悪いものではない」という比較を用いることであった。これは自分自身の感覚を、社会的自我の与える外部的評価によって抑え込んでいたことを意味する。この自己欺瞞に気づき、そこから抜け出すことができたのは、ごく最近のことである。現在の私は、自分を何かと比較しようなどとは思わない。

虚栄の「見えざる手」

「社会的自我」に駆られて行動する近代人という考え方は、フロムに特有のものではない。それどころか、これこそは経済学の始祖たるスミスの主張したところと等価である。スミスは『道徳感情論』において、次のような議論を展開する。

まず、「この世のすべての労苦と騒ぎは、何を目的とするのか。貪欲と野心の、富、権力および優越の追求の、目標はなんであるのか、それは、自然の諸必要をみたすためであるのか」と問いを立てる。これに対するスミスの答えは、否である。その程度の必要を満たすことは、もっとも所得の低い労働者でも十分にできている、と言う。それどころか、小さな家に居るほうが、豪邸に住むよりもリラックスできて、食欲が進み安眠できるくらいだ、ということさえよく観察されていると言う。

それでは、人びとのさまざまな身分のすべてにわたっておこなわれている競争は、どこから生じるのであろうか。そして、自分たちの状態の改善とわれわれがよぶ人生の大目的によって、意図する諸利益はなんであろうか。観察されること、注目されること、同感と好意と明確な是認とをもって注目されることが、われわれがそれからひきだすことを意図しうる、利点のすべてである。安楽または喜びではなく虚栄が、われわれの関心をひくのである。（スミス、『道徳感情論』上巻、一二九頁）

このようにスミスは、他人にどう見られるか、すなわち虚栄こそが近代的個人の「人生の大目的（that

great purpose of human life)」であり、その虚栄心を満たすことが「利点のすべて」だと断言している。『道徳感情論』という書物は、「自分の感情が、当事者ではない他人から見てどのように受けとられるか」を考えて自分の感情を調整する、という個人を想定して議論を展開する。さまざまの場面におけるその虚栄の作動を微に入り細に入り議論しており、フロムの言う「社会的自我」という観点が全体を貫いているといえる。

虚栄が真の栄誉をともなわない実質を欠いた「虚」であるのは、自分が満足できないからである。それゆえ虚栄を求める衝動は、やむことがない。なぜ満足できないのかというと、それは自分が感じている不安や不満の原因が、別のところにあるというのに、そこには一切、手をつけないからである。苦悩と恐怖との原因を放置して、自分を誤魔化すために「自分はあいつよりはマシだ」「この境遇は悪いものではない」と自分自身に言い聞かせる、あの常套手段こそが、もはや虚栄である。

周知のごとくスミスは『国富論』において、「文明社会では、各人がいつでも無数の人の協力と助けを必要」としているが、その助けを得るためには「相手の利己心に訴える」のが最善であるとする。この文章こそが経済学の歴史的出発点ともいい得るが、この利己心の本質は、自愛ではなく、社会的自我の利益に奉仕する虚栄にほかならない。「経済人」は、分業によって社会的に割り当てられた役割である「社会的自我」の要求に従って生産活動を展開し、そこから得られた所得で、他者の目に映る「社会的自我」の要求に従って消費する。

利己心とは虚栄心のことであり、虚栄心とは、自分の手ごたえではなく、他人の目に映る自分の姿に振りまわされる心である。このような他人の視線への敏感さは、自己嫌悪から生じる不安を糊《こ》塗《と》するために生じる。たとえ自分は自分が嫌いでも、他人は自分を認めてくれているようなので、大丈夫だと言いきかせるのである。プロテスタンティズムの教義は、自己嫌悪を要求するので、それは利己心に帰結する。経済人はこの利己心に追い立てられて、果てしない努力を続ける。

第一章で説明した最適化原理と「模索」とを思い出してほしい。現代経済学における経済人に与えられる自由とは、市場の示す価格に受動的に反応し、何も考えないで、外部から与えられた自分の効用が最大になるような需給計画案を提出するだけの自由である。このような「意志決定」はじつは決定ではない。それが証拠に、各個人の意志決定の結果が集められると、市場が需給調節のために価格を調整するたびに、すぐに反故にされるみじめな決定である。最終的に市場の「見えざる手」が決定する均衡価格は、まるで神の意志のように各個人に与えられる。じつのところ市場の自動調節機構が「発見」する均衡価格は、初期の資源分布と、各人の効用を測る関数とが与えられた瞬間に決定されていたのであるから、これは神があらかじめ定めたものにほかならない。エンデの物語の主人公、盲目のインシアッラーが神の御意に身をゆだねたように、この市場の決定を感謝を込めて受け入れ、それに身をゆだねることが、各人の自由の本質である。選択の自由への燃えるような希求は、この「神の御意」を果たすための障害をとり除き、均衡点を実現しようとする努力に帰着する。選択の自由とは、じつはこのような自分を失った人間の「自由」である。(8)

ルターが用意したもの

政治学の分野では、プロテスタンティズムは、自由との関連で高く評価されるのが普通である。たとえば政治学者の木部尚志は、中世のキリスト教が組織としての教会の権限の確保を意味する「教会の自由」の観念により自由を抑圧したのみならず、免罪符が象徴するごとく組織的腐敗に陥り、さらには政治権力として世俗権力を服従させる欲望を見せていた、とする。その上で次のように言う。

この状況を思想的に打破したのは、自由の回復の二つの試みであった。その一つはマルティン・ルターによるキリスト教的自由の回復であり、もう一つはニッコロ・マキャヴェリによる政治的自由の回復である。

宗教改革者ルターの自由観は「キリスト者の自由」(die Freiheit eines christenmenschen) の観念に集約される。……キリスト者の自由は、神にたいする実存的個人の全面的服従と罪からの解放を共存させる点で、「自由と服従」の逆説を特徴とし、それゆえ神以外のものには究極的な服従の基盤をもたず、しかも「良心の自由」の観念を……先駆的に含んでいる。(木部尚志、「自由」、七頁)

ここではルターは近代的自由を作り出した先駆として描かれている。そしてこれは、標準的な評価である。

一見すると、フロムの見解は通説と正反対のことを言っているように見えるが、必ずしもそうではない。フロムの見解は、プロテスタンティズムが近代的自我のプロトタイプを提供したと見る点で、通説と一致しているからである。通説とフロムの見解との違いは、通説が近代的自我の獲得した「選択の自由」を真の自由と見るのに対して、フロムは、近代人の享受する「選択の自由」は偽装された自由にすぎず、実際には「社会的自我」によって自由を奪われている、と見る点にある。

自我を喪失した人は、自分自身の感覚を信じることができないのであるから、つねに懐疑を胸に抱く。いかなるものも信じられなくなる以上、できることは信じているフリであり、それは懐疑に対して脆弱《ぜいじゃく》である。次に見るように、ポラニーは懐疑にもとづく自由が、本来的に首尾不一致であり、それが二〇世紀における自由の崩壊に帰結したと主張する。

自由の自滅

ここでは「創発（emergence）」の提唱者であるポラニーの「選択の自由」に関する批判を概観する。ポラニーは、著書『自由の論理』に含まれる「首尾不一致の危険」という論文において、二〇世紀における近代的自由の自己崩壊過程を、「懐疑主義」を中心に議論した。懐疑主義はそもそも、信仰を選択する自由を擁護するために提案されたものであるが、それが信仰のみならず、あらゆる倫理的命題に対して適用されたときに、自由そのものを崩壊させることになった、というのがその主旨である。

ポラニーは近代の自由の概念の出発点を、宗教戦争への反動に求める。長期にわたってヨーロッパを混乱に陥れた宗教的狂信主義に対する嫌悪を動機として、自由主義が提唱されたからである。英米文化圏において、自由主義を最初に定式化したのはイギリスの詩人ジョン・ミルトン（一六〇八年生～一六七四年没）と同じくイギリスの哲学者ジョン・ロック（一六三二年生～一七〇四年没）である。彼らの議論は二重構造になっており、「反権威主義」と「哲学的懐疑」とが混在していた。

自由の「反権威主義」的定式化とは、誰にでも自分の信念を表明させ、それに人々が耳を傾けて自分で独自の意見を形成する、というものである。このようにして開かれた知識を互いに競い合うことで、およそ人間の身で到達可能なぎりぎりのところまで真理に近づけるであろう、というのがその眼目である。

一方、「哲学的懐疑」とは、ロックが政治的教義として定式化したものである。それは宗教的事柄においては、自分の考えを他人に押しつけることを正当化するほどに、真理について確信が持てることはけっしてない、というものである。あくまでもロックの定式化は、宗教に関するものであり、信仰を押しつけあって殺し合うようなことをしてはならない、という理性への訴えかけであった。スミスの『国富論』が出版されたのは、アメリカ独立と同じ一七七六年であるが、このような哲学的懐疑の上に、自由主義経済思想もまた展開されていった。

この自由の二重の教義は、ヨーロッパ大陸においては、イギリスよりも遅れて出現し、ただちにより極端な立場に移行していった。哲学的懐疑によって目指されたのは、さまざまな宗教的宗派のあいだの和解であり、それ以上のものではなかったが、フランス啓蒙《けいもう》主義においては、この哲学が、宗教的権威、特にカソリック教会の権威に対する攻撃として機能した。

この思想の追随者は、懐疑にもとづく理性の行使による誤謬《ごびゅう》の発見とその修正により、いかなる困難からも脱却しうる、という傲慢《ごうまん》な確信を抱いていた。彼らは無知からの脱却により、あらゆる社会的病弊から人類を救済しうると約束した。フランス革命の思想的基盤となったこの思想は、大陸全体に広範な影響を与え、実際、一九世紀末にはフランス啓蒙思想の与えた平和と自由との約束が、ヨーロッパ大陸において成就されつつあるようにさえ見えた。

ところが、無限の約束に満ちていると考えられた二〇世紀には、恐るべき地雷原が待っていた。この地雷を敷設し、自由を崩壊させたのは、「ある哲学者たち――特にマルクス、ニーチェ、そしてこの両者の共通の祖先であるフィヒテとヘーゲル――の著作」であるとポラニーは『自由の論理』のなかで述べている。

ところが、この自由の崩壊は、懐疑主義の徹底によって生じた。ロックによる寛容の擁護のための懐疑は、「どの宗教が正しいかを証示することは出来ないのだから、それら全部を容認すべきである」というものである。これは、「証示不可能な信念（信仰）は押しつけるべきではない」ということである。ロックの宗教的寛容はキリスト教内部のみならず、「異教徒でもマホメット教徒でもユダヤ人でも、その宗教のゆえに国家の市民的権利を奪われるべきではない」という広範なものであり、「キリスト教徒でない人々を含めて全人類に対する慈愛と謙虚と善意」とを求めるものであった。しかし、「神の存在を否定する人々」は、けっして寛容に扱われるべきではない、という制約を設けていた(9)。

この教義を宗教的信念に限らず、すべての倫理に適用すると、「倫理の諸原理が確実性をもって証示できない限りは、それを押しつけることを差し控え、その完全な否定を寛恕《かんじょ》すべきだ」、ということになる。ところが、言うまでもなく、根拠を証示しうる確実な倫理の原理など存在しない。なぜ真理を語らねばならないのか、なぜ正義と慈悲とを支持せねばならないのか、といった倫理的命題は懐疑に対して脆弱であり、これらを肯定的にゆるぎなく立証することなど、けっしてできない。

それゆえ懐疑の立場を徹底すれば、虚偽と無法と残虐との体系が、倫理的諸原理と同等の資格を持ったものとして寛恕されねばならなくなる。懐疑にもとづくこの寛容は、このような悪辣《あくらつ》な体系の存在を許すが、恥知らずなプロパガンダと暴力とテロとが支配する社会においては、寛容のための余地はない。「つまり、思考の自由は、懐疑を伝統的な諸理想の領域まで拡張することによって破壊されるのだ」。

ニヒリストの情熱

そしてこの哲学的な誤謬を、たんなる思考にとどめず、破壊的な人間行動に転換した人々がいた。それがニヒリストである。ニヒリストは、懐疑主義の極限的状態に陥った人々であり、彼らは、完全な自己中心主義に由来する無気力を基盤として、情熱的で暴力的な革命運動へと向かう。一見したところ無気力と革命的情熱とは矛盾しているように見えるが、これは動的観点からすると矛盾ではない。ニヒリストは、初期の私的段階において、いかなる信念、責務、制約も持たずに生きようとするが、それは、あらゆる既存の社会的紐帯をラディカルに軽蔑する態度へと転化する。

ところが、信念を欠くニヒリストは不安定であり、自ら否定した紐帯の喪失におびえる。それゆえ、新たな情熱的連帯を求めている。これはまさしく、フロムの言う「自由からの逃走」である。彼らは、ニヒリスト的な前提にもとづく政治運動を見出すことができれば、それに飛びつくことになる。こうして「ニヒリストが極端な個人主義から激烈で狭隘《きょうあい》な政治的信条に転向したことがヨーロッパ革命の転回点であった」。ヨーロッパにおける大規模な自由の凋落《ちょうらく》、すなわちファシズムとマルキシズムとの蔓延《まんえん》は、このようにして生じたとポラニーは主張する。

ポラニーによれば、懐疑主義による自由の凋落が生じたのは、近代だけではなかった。少なくとも一度、古代ギリシャにおいて、ソクラテスによって、束縛なき探究に導かれた若者が、ニヒリストとなったときに、この危機が生じている。彼らニヒリストは、政治的指導者として活躍し、深刻な政治的危機を招いた。「このことへの反動としてソクラテスは弾劾され、処刑された」とポラニーは言う。

しかし、古代には二〇世紀の革命のような大規模な事態が起きなかった。それはキリスト教の救世主義（メシアニズム）の預言者的な情熱が欠けていたからである。ポラニーは以下のように主張して、この論文を締めくくっている。

われわれの文明がキリスト教の遺産として血のなかに持っている、けっして癒されることのない正義への飢えと渇き――これが古代のストア学徒のように泰然としていることを許さないのだ。現代的思考はキリスト教信仰とギリシャ的懐疑の混合物である。キリスト教信仰とギリシャ的懐疑は論理的には相容れず、この両者の紛糾が西洋的思考を、かつて見られなかったほど生きいきと創造的に保ったものなのだ。だが、この混合物は基礎としては不安定だ。現代全体主義はこの宗教と懐疑主義の間の紛糾の頂点を現すものだ。この体制は、紛糾を解消するために、道徳的情熱の遺産を現代唯物主義的諸目的の枠組みに組み込む。そうした結果のための条件は古代には――キリスト教が新たな遠大な道徳的希望を人類の心に掻き立てる前には――存在していなかったのだ。(ポラニー、『自由の論理』、一三八～一三九頁)

このような渇望は、たとえば例外なき自由主義原則の全世界への適用を目指す、というような、ある種の狂信として、今も息づいている。

信じることから真理へ

フロムは、選択という概念が、『聖書』の失楽園の物語と関係していることを指摘し、その選択をめぐってカソリックとプロテスタントとのあいだで、深い対立があることを明らかにした。フロム自身は、人間の自由な選択を認めるカソリック、特にスコラ学派の考えを支持し、ルターやカルヴィンのごとく人間を無力と見る立場を強く批判している。この観点からすれば、他者からの要請で構成される社会的自我に駆動される近代人は、プロテスタンティズムの影響下に置かれていることになる。

スミスの言う「利己心」とは、まさにこの社会的自我の命令であり、その市場理論は、現代のその末裔《まつえい》をも含めて、フロムの解釈するプロテスタンティズムの世界観と整合するように構成されている。これが事実であれば、市場理論が非科学的であるのは不思議でもなんでもない。それはもともと、プロテスタント神学の論理と整合するように構成されたものであり、物理法則との整合性は考慮されていない。

なお評伝によれば、フロムは、ドイツで正統派ユダヤ教徒の家庭に生まれ、一三歳のときにユダヤ教の典範であるタルムード研究を本格的にはじめている。公式には一九二六年に正統派ユダヤ教の信仰を捨てているが、生涯にわたってその教義の全般的な影響下にあったという(10)。

フロムがカソリックに親近感を抱いたように、ポラニーもまた、カソリックと関係がある。ポラニーはハンガリー生まれのユダヤ人であったがカソリックの洗礼を子どものときに受けており、結婚式もカソリック式のものであったという。これがどの程度、ポラニーの思想に影響したかは明らかではないが、ポラニーは「どのような権威も、この選択自身とそれに競合する諸選択の何れを選ぶかという方法を、われわれに教えることはできない」[11]と述べており、フロムの見方に従えば、これはカソリック的ということになる[12]。

ポラニーの思想は、「懐疑」という近代的合理主義が、本質的に自壊する要素を含んでいることを指摘しており、それが宗教的寛容のための要請にすぎないことを忘れずに、その論理展開を徹底させなかったことが、二〇世紀にアングロ・アメリカ社会では自由が崩壊しなかった理由である、としている。近代的自由を生み出したはずの懐疑主義こそが、自由を崩壊させた元凶である、という主張である。

このような観点からポラニーは、懐疑主義にもとづかない科学の基礎づけとその擁護とを目指し、物理学者から哲学者へと転向した。ポラニーの主著『個人的知識（*Personal Knowledge*）』の原題のサブタイトルは「ポスト・クリティカル哲学へ（*Towards a Post-Critical Philosophy*）」である。これは、ポラニーが自らの哲学を懐疑と批判とにもとづく近代哲学を乗り越えるものである、と認識していたことを示す。このことからも、ポラニーの思想の主軸が、懐疑主義にもとづかない知識の確立にあったことは確かであろう。

これは「疑う」ことに依拠するのではなく、「信じる」ことに依拠しながら、独善や押しつけに陥らず、真理を探究する道である。それは感覚や感情の豊かさにもとづく知識へとつながる。これは、自分自身の感覚を信じて自分のために生きるという態度に直結している。

この立場は、フロムの思想とも強く関係している。フロムは次のように述べている。

我々の社会では、一般に感情は望ましくないものとされている。いかなる創造的思考も、創造的活動と同様、感情と不可分であることは疑い得ないにもかかわらず、感情抜きに考え生きることが理想となっている。「感情的」であることは、不健全で錯乱していることの言い換えになってしまった。この基準を受け入れることで、個人は大幅に弱くなり、その思考は貧困で平板になった。一方、感情を完全に殺すことはできないので、人格の知的側面から完全に切り離されたところに存在しつづける。その結果、安っぽく偽善的な感傷的気分が、映画や流行歌によって何百万という感情に飢えた消費者に提供されている。(Fromm, *Escape from Freedom*, pp.244-245)

では、このような感情と統合された知性という立場から、科学的探求はいかに可能なのであろうか。この問題は、たんに学問的研究にかかわるばかりではない。ポラニーは人間の本性を「探究」に求めており、実際、それなしに私たちは生きることができないからである。次章では、この観点から、ポラニーの唱えた「創発」の思想を考察する。

(1)田中治男、「自由論の歴史的構図」、七頁。

(2)以下の議論は、Fromm, *Escape from Freedom* による。

(3)Calvini, *Institutio Christianae Religionis*, Par. I, p.445. なお、この引用は、既存の英訳に不満を抱いたフロムが、ラテン語原典から直接英訳したものを、著者が翻訳したものである。

(4)"linger" という動詞は「必要以上に長くとどまっている」「ぐずぐずする」というような意味である。これを「もやもや」と訳したのは日高六郎である。日高訳は、個々の文を見るとあきれるほど誤訳が多いのであるが、全体としてはこの本の雰囲気を歪めずに訳している。この「もやもや」という訳語も、正しいほうに間違った名訳である。もっとも、あまりに間違いが多すぎるので、本書では原文から直接に訳して引用している。

(5)Fromm, *ibid*, p. 117

(6)Fromm, *ibid*, p. 117

(7)Fromm, *ibid*, pp. 193-198

(8)以上の議論は、フロムの主張に全面的に依拠しているが、これが宗教学的にどの程度支持されるかというと、心もとないところである。というのもフロム自身が以下のように書いているからである。

「以下で行うプロテスタンティズムの教義の分析に際して、私は、体系全体のコンテキストの意味するところに従って、宗教的教義を解釈した。ルターやカルヴァンの教義の一部に矛盾するものは、その重点や意味が本当の矛盾にあたらないと私自身が確信した場合には、引用しなかった。しかし、私の与える解釈は、自分の解釈に都合のよい文をつまみ食いするという方法にもとづくものではなく、ルターとカルヴァンの体系全体と、その心理学的基盤と、さらに全体系の心理学的構造の光に照らした個々の要素の解釈との研究に依拠している」（Fromm, *Escape from Freedom*, p.68）つまり、フロムの展開するプロテスタンティズムの心理的基盤を認めなければ、フロムの主張と異なる見解はいくらでも提出できることになる。

(9) ロック、「寛容についての書簡」、三五〇頁、三九一頁、三九六頁。

(10) ナップ、『評伝　エーリッヒ・フロム』、一七頁。

(11) ポラニー、『個人的知識』、一〇二頁。

(12) 実際、ポラニーの思想は、カソリック神学の分野で活発に議論されているようである。逆に自然科学者の評価は低く、たとえば、ホッジスによるアラン・チューリングの詳細な伝記では、ポラニーに「クリスチャン哲学者（Christian Philosopher）」という変わったレッテルがあてがわれており、やや軽蔑的に扱われている。これが西欧のアカデミズムにおける普通の感覚なのであろう（Hodges, *Alan Turing*, pp.414-5）。ポラニーの思想は信じることにもとづく科学の復権であるが、このような考えが自然科学者から軽蔑されるのは当然であろう。なぜなら、科学とは、懐疑・批判の上に成り立っている、と信じられているからである。科学者は、もし、懐疑を捨てるなら、それは宗教になってしまう、と考える。こうしてポラニーには、「クリスチャン哲学者」というレッテルが与えられることになる。しかし、このレッテルは不適切である。なぜならポラニーは、西欧人が「キリスト教の遺産として血のなかに持っている、けっして癒されることのない正義への飢えと渇き」の危険性を鋭く指摘しているからである。ポラニーは、現代の思想が「キリスト教信仰」と「ギリシャ的懐疑」との混合物であり、これが人類の危機の根源である、とみなしている。

第四章●創発とは何か

協同現象と創発

ここまでの議論は、市場《イチバ》について考えるための認識上の障害をとり除くためのものであった。

私は、経済学のもとづく暗黙の仮定が、物理法則に違反したものであることを示し、それを正当化する論理が錬金術のごとき隠蔽に依拠していることを指摘した。その上で、この理論の根底にある「選択の自由」が、計算量爆発や非線形性という問題のゆえに、実行不可能な不条理なものであり、これをまじめに受けとると、自由の牢獄に落ちてしまうと警告した。

続いてこの自由の概念にかかわるフロムとポラニーの議論を紹介した。フロムによれば、近代の自由についての考え方は、キリスト教、特にプロテスタンティズムの影響を色濃く帯びており、それが自我を喪失した利己的な生き方に投影されている。またポラニーは、宗教戦争のもたらした災厄への反省から、信仰の自由を擁護し、寛容を呼びかけるものとして懐疑的自由が生じたにもかかわらず、その懐疑を徹底させることで、ヨーロッパ大陸においては自由の根拠そのものが崩壊するにいたった、と指摘した。

ありうべき誤解を避けるために、一つだけ確認しておく。私がここまでに述べたことは、「私たちの生きるこの社会経済の全体が西欧起源の〈選択の自由〉にすみずみまで絡めとられており、ゆえに、この社会は価値を生み出すことのない完全な死に体になっている」ということではない。「そのような神学的ともいえる認識の枠組を、社会経済のありのままの姿を無視して押しつける」ことを批判したのだ。実際、序章でも見たとおり、現実のイチバは人々による生きたコミュニケーションによって構成されており、そのなかから今日も価値を生み出し続けている。経済活動のすべてが、死に体となっているのではなく、多くの部分が生きて作動しているがゆえに秩序が形成され、価値が生み出されている。

ではその、現実の生きたコミュニケーションを、私たちはどのように考えればよいのか。その答えを求めて、本章以降では、「選択の自由」の考えを離れたとして、はたしてどのような自由を考えたらよいのか、その自由にもとづく科学的な思考を経済に対して展開するとは、いったい、どういうことであるのか、というより積極的な問題を考えていく。そのなかでポスト・クリティカルな経済学のあり方を模索していく。

もちろん、それはたんに現実のコミュニケーション活動を無条件に称揚するということではない。くり返すが、私たちがこの社会経済を生きているなかから、日々、価値は生み出され続けている。そうでなければ、この世界は動かない。しかし、一方で、そのような価値の創出を阻害するものもまた、この社会には溢れている。したがって、価値を創出するものとそれを阻害するものとを切り分け、後者を抑制することで前者を活性化することが、ポスト・クリティカルな経済学の目指すところとなるはずである。

その基礎となる概念が、ポラニーの提唱した「創発」である。創発という概念は、ここ二〇年ほど大流行している。数学、物理学、脳科学、発生学、進化生物学、コンピュータ科学、社会学、経済学、経営学、心理学、教育学など、きわめて広い分野で議論が展開されてきた。

ところが、私自身、この概念の研究に十数年間携わってきたのだが、じつのところ、議論の中身がまったく進展していないと感じている。その理由について反省した結果、以下のような結論にいたった。

提唱者のポラニーが指摘したように、創発とは、分析不可能な暗黙の次元に属する過程である。にもかかわらずほとんどの創発に関する研究は、これを認めずに創発を分析的に理解しようとするアプローチを採用してきた。これはつまり、分析しえないものを、分析してきたことになる。なすべきことは、創発を分析することではなく、創発を信じた上で、具体的な創発の過程に「住み込み」、感じることで理解することである。そしてまた、創発を阻害するものについて分析し、それをとり除く道を探ることである。

本章では、創発とは何かという問題を、ポラニーの思想とアラン・チューリング（一九一二年生〜一九五四年没）の思想とを比較しながら探求する。なぜチューリングをとりあげるかというと、彼は創発のような暗黙の次元の作動を一切認めず、生命過程も思考の過程も純粋に記述可能で分析しうるものだと信じ、そのような観点から大きな業績を挙げた人物だからである。チューリングは、多数の要素が相互作用して複雑な現象が生じているように見えても、それは記述可能な協同現象にすぎず、創発ではない、という立場をとる。興味ぶかいことに、そんなチューリングは、ポラニーと友人であり、そこには深い対話があったという。

ここに言う協同現象とは、多数の粒子（原子や分子）の相互作用が巨視的な結果をもたらすことを言う。たとえば水の対流を考えてみるといい。水の分子はブラウン運動と呼ばれる、乱雑な運動をしている。ところが、この水をビーカーに入れて下から加熱するとどうなるだろうか。加熱がある地点をすぎたところから突然、水の分子が一斉に、同じ方向に動きはじめる。熱せられて上昇し、水面で冷まされると下降するという大きな循環する流れがあらわれる。この対流は、個々の水の分子をいくら観察しても見ることはできない。水の分子の相互作用なしにはあらわれないものである。ただし、この協同現象をそのまま創発と呼ぶことは、チューリングの立場からもポラニーの立場からも、否定されるだろう。これは、相互作用の生み出す複雑な現象ではあるものの、あくまでも記述可能な現象にとどまるからである。

複雑系科学や知識経営学に代表されるような「創発」の研究は、ポラニーに従って創発の旗印を掲げながら、チューリングのアプローチを採用してきたと言える。言い換えれば、表面的には創発を肯定しつつ、実際にはこれを否定する研究を推進してきたことになる。これは一種の自己欺瞞であり、それでは研究が進展するはずがない。

創発と協同現象とを峻別し、それぞれについて考えることが、真理を探究する上で肝要である。経済のような、人間の相互作用が生み出す現象について考える場合、それが創発なのか、それとも協同現象にすぎないのかを考えることは、決定的な重要性を持つ。なぜなら、創発は分析不能であるのに対して、協同現象は分析可能であり、両者を分別しなければ、いかなる分析的アプローチも不発に終わるからである。

経済現象のどの部分が協同現象にすぎず、どの部分が創発なのか。どのようにすれば協同現象に人間が翻弄《ほんろう》されることを防ぎ、人々の創発する力の発揮を守ることができるのか。この観点が、組織のマネジメントや政策決定の根本に据えられるべきだと私は考えている。

「暗黙知」がさらされた誤解

ここではまず、ポラニーの思索の完成形を示す講演たる『暗黙の次元（*The tacit dimension*）』に絞って議論する。この講演ではまず〝tacit knowing〟という概念が議論され、その拡張として〝emergence〟（創発）が導入される。

日本では〝tacit knowing〟の訳語として「暗黙知」という言葉が定着している。この言葉は「暗黙の知識」を意味すると解釈されることが多いが、それは誤解である。原語を見ればわかるように、〝knowing〟という言葉は動名詞であるから、これは「知ること」という過程の名称である。

すなわち「暗黙知」は「暗黙に作動する知るという過程」のことである。暗黙知という訳語が、「明示知／暗黙知」あるいは「形式知／暗黙知」という形の対比を惹起《じやっき》し、その結果、暗黙知を潜在的知識と同一視する誤解を生み、それが広く流布している。これは特に、経営学者の野中郁次郎を中心とする知識経営学の隆盛が原因であるらしい[1]。しかし、このように誤解してしまうと、ポラニーの言わんとすることを理解するのは不可能になる。

この点に注意して、私はこれまで〝tacit knowing〟を、「暗黙に知ること」と訳してきた。今も、そのように訳すほうが誤解を招かないと考えてはいるのだが、なにぶんにもこの訳語は長すぎて読みにくい。それゆえ本書では、暗黙知の「知」が「知識」ではなく「知る」であることを銘記して、「暗黙知」という訳語を採用する。

じつのところ、ポラニー自身も暗黙知が作動しているときに形成される潜在的知識の意味で、〝tacit knowledge〟という言葉をときどき使う。それがこの誤解を招く原因であり、英語の文献でも〝tacit knowledge〟が使われるケースが多い。それゆえ翻訳の問題ばかりではないことを付言しておきたい。私は〝tacit knowing〟に対して「暗黙知」を、〝tacit knowledge〟に対しては「暗黙の知識」を訳語として使い、両者がまったく違うものであることを念頭に置いておく、という方法で対処したいと思う。しつこいようだが「暗黙知」は知るという過程の名称であり、「暗黙の知識」とは別ものであることを銘記していただきたい。

ポラニーが暗黙知という概念を用いて言おうとしたことは、知識というものがあるとすれば、その背後には必ず暗黙の次元で作動する「知る」という過程がなければならない、ということである。

明示的な次元に属する、明確に書き下すことのできる情報を、いかに組み合わせようとも、それは知識にはならない。なぜなら知識というものの本質が、暗黙の次元と不可分だからである。つまり、明示的な「知識」は、暗黙の次元における「知る」という過程の作動がなければ、知識たりえない。「知」という過程は暗黙の次元のものであり、明示的に書き下しうる「知」などありえない。ポラニーの思想に従えば、〝explicit knowledge〟（「明示的知識」「形式的知識」）はありえても、〝explicit knowing〟（「明示知」「形式知」）はありえない。私の採用する訳語では「明示的知識／暗黙知」が対比関係にあり、その主要な力点は「明示／暗黙」のあいだにあるのではなく、「知識／知」のあいだにある。

暗黙知という謎

暗黙知という概念の理解が難しいのは、それがつねに暗黙の形でしか作動しないからである。たとえば、箱のなかに手を突っ込んで何が入っているかを当てる、というゲームを考えてみよう。このゲームをするとき私たちは、「何かな？」と思いながら、ものに意識を集中する。そうすることで、手のなかの物体を回してみながらいろいろ触ってみることで、それが「野球のボールだ」とわかる。

ところが、探っている指先の感覚に意識を向けると、どうなってしまうであろうか。たとえば指先に感じる無数の硬い毛のようなザラザラとした感覚の、そのザラザラ感に意識を集中してしまうと、それが何なのかはわからない。「これは何かな？」と思うことではじめて「テニスボールだ」

とわかる。

あるいは、外国語の聞きとりをしている場面を考えてもよい。話者の発する子音や母音の聞きとりに意識を集中すると、それがどういう単語であるかすらわからなくなる。単語を拾うことに意識を集中すると、何を言っているのかわからなくなる。相手が何を言っているのだろう、と思うことで、はじめて相手の言うことが聞きとれる。

これはじつのところ日本語についても同じであって、試しに電車のなかで少し離れたところで話している人の言葉の、一つひとつの音に注意を向けてみてほしい。そうすると、その人がしゃべっている内容はわからなくなる。ときには、それが日本語であることすらわからなくなることがある。

逆に、内容を聞きとれてしまうと、今度は、個々の単語が何だったのかわからなくなることも多い。英語であれば相手が、何か「しなければならない」という意味のことを言ったのはわかるのだが、それが〝should〟だったのか〝have to〟だったのか〝must〟だったのか、さっぱり思い出せないということになる。さらに極端な例では、相手が何語でしゃべったのかさえわからなくなることもよくある。先日、私が香港で開いた学術会議では、英語と中国語と広東語と日本語とが入り交じり、話の内容や話者の組み合わせによって言語がどんどん切り替わっていた。多言語の入り交じる香港ではこれが常態なのだが、こういう状況では、相手の発言の主旨は覚えていても、相手が何語で言ったのか、思い出せないのが普通である。このようなときに、「いま英語だな。あれ中国語とちゃんぽんになった。今度は広東語だ。あ、中国語になった」などと、相手が何語でしゃべっているかに意識を向けてしまうと、相手が何を言っているかわからなくなる。

　ものに触っている指の感覚や、耳から聞こえる音の感覚を主たる手がかりとして、それ以外にも自分の身体の諸状態のすべてを動員し、意識を向けている対象についての知識を形成する過程の全体を、ポラニーは「暗黙知」と呼ぶ。この暗黙の次元の作動は、本人にとってさえ特定することができない。なぜなら特定するためにその作動に意識を向けると、作動が消えてなくなるからである。他人が横から見ていれば、暗黙の次元が作動している場面を見ることができるが、あくまで外から見ているので、その具体的な中身を解明することはできない。たとえ最新鋭の機器を用いて、脳の磁場を詳細に観察したとしても、知るという過程が生じているときに、脳のどの部分が作動しているかがきわめて大雑把にわかるだけで、どうやって知識が成立しているかなどは、知りようがない。

「知る」という過程は、無数の手がかりに依拠しつつ、それを暗黙の次元の過程によって、統合することで実現される。相手が何語でしゃべっていたのかさえわからなくなる、という事実は、そのときの手がかりが意識には上ってこないことを示している。

　その上、対象について形成した知識の持つ意味が、くまなくわかっているわけでもないことにも注意すべきである。たとえば、「創発」という言葉を言われただけで何かがわかった気がするのだが、それが何を意味するかを正確に言い当てることはきわめて難しい。あるいは、新しい科学的発見があったとき、その発見の持つ意味は十分に理解されないのが普通である。たとえば相対性理論が生み出されたとき、それが原子爆弾を含意するとは誰にもわかっていなかった。

つまり、暗黙知という過程は、よくわからないものに依拠し、よくわからない方法で統合し、よくわからないものを獲得する、という謎の過程なのである。それゆえにこそそれが、「暗黙の次元」に属すると言われる。

ポラニーは、科学的知識の形成にとっても、この暗黙の次元が重要であることを指摘する。科学的発見は、明示的な事実の積み重ねと、それを明示的に説明するための最小限の論理の構成によって行われるのではない。科学的発見は、さまざまの無数の事実を手がかりとして、科学者の意識が真理の探究に向けられたときに、暗黙のうちに統合されて生み出される。その生み出されたものが持つ価値を、くまなく知ることはできない。たとえばある科学的発見がなされたとき、その発見が何の役に立つのかがただちにわかることはけっしてない。にもかかわらず、人々は、その発見の持つ潜在的価値を知ることができる。つまり、科学的知識は、暗黙知の作動によって獲得される。

以上が、ポラニーの暗黙知論の骨子である。その上で、ポラニーは話を進化にまで拡張し、適応度を上昇させるようなたんなる探索過程と、これまでに存在しなかった機能を生命が見出す過程を区別し、後者を「創発」と呼ぶ。

階層性を創り上げる力

この議論のためにポラニーはまず、世界が階層的になっていることを示す。たとえばレンガについて考えてみよう。その材料は物理化学法則に従う物質であるが、物理化学法則からレンガが必然的に生み出されるわけではない。レンガは物理化学法則に従う世界のなかに新たにつけ加えられた条件によって成立する。そのレンガを組み合わせて家を作るためにはまた新たな条件が必要であり、それはレンガそのものとは別の原理を持つ。そうして作られた家々から成り立つ都市は、さらに高次の原理に従う。

下位の原理の世界から高次の原理の世界が生まれる過程が創発である。生命のいない物理化学的世界は何も生み出さないが、失敗もしない。そこに生命が創発すると、「生」とともに、「死」という失敗が生じる。単細胞生物のなかから多細胞生物が出現すると、新しい包括的な統一体（new comprehensive entities）が生じるが、同時にその発生過程における失敗が生じうるようになる。人間の出現とともに道徳が生じるが、同時に邪悪という新しい失敗が生じる。暗黙に知るという過程もまたこのような創発的進化の結果である。

ポラニーは創発という過程の実在を示すこと、および、その過程がどのように作動しているかを描写することに意識を集中している。その理由の一つは、ポラニーの哲学の目的が、知識を確実にするために人間的要素を排除しようとする「客観的知識」を求める衝動が、暗黙知の否定に結びつき、知識そのものを破壊することを示すことにあったからであろう。

しかし、理由はそればかりではないと私は考える。「創発」にしても「暗黙知」にしても、作動の手がかりとなる事象は無数にあり、それらを結びつける過程も完全に規定することはできず、その上、新しく生まれた全体性が何を意味するかを汲《く》み尽くすことも不可能なものだからである。言い換えればこの過程は、何に依拠して作動しているかが不明確で、何を目指しているのかも不明で、どのように推進しているのかもわからず、その上、出来上がったものの意味も汲み尽くしえない、という代物である。つまり、創発という過程は、暗黙の次元に属するものであり、その本性を分析的に解明することが、そもそも不可能だとポラニーは捉えていたのだと私は考える。

ところがポラニーは、そのようにストレートには言わない。それゆえ、暗黙知や創発も科学的に解明できる対象であるかのような気がしてくる。ポラニーを読んでいて「隔靴掻痒《かっかそうよう》」という気分になるのは、このためではないかと思う。この気分に耐えられなくなると、「暗黙知」を「潜在的知識」と実体化して理解したくなり、あるいは「創発」を分析する衝動に駆られる。

しかし、ポラニーが正しければ、創発は分析の対象とはなりえない。それは暗黙の次元にとどめておく以外にない。そのようなわけのわからないものを認めては科学が成り立たなくなる、と思うかもしれないが、ポラニーの主張していることは、そのようなわけのわからないものが科学を成り立たせているのだから、それを否定すると、科学を否定することになってしまう、ということである。必要なことは、解明することではなく、その作動を信じ、喜びをもって自ら受け止めることである。

ポラニーの科学についてのこの議論が重いのは、彼自身が優れた物理学者だったからである。ポラニー以外のほとんどの科学史家や科学哲学者は、科学史や科学哲学が本職であって、科学そのものは本職ではない。ある程度の科学者としてのトレーニングを積んだ人であることも多いが、ポラニーのように、吸着ポテンシャル理論などの大きな発見を成し遂げた物理学者であるケースはない。

そのような実践に対する反省の上にこの議論が形成されている点を見落としてはならない。

次に、ポラニーと正反対の思想を形成したチューリングという数学者について論じよう。その業績のうち主要なものは、チューリング・マシン（一九三六年）、チューリング・テスト（一九五〇年）、チューリング・パターン（一九五二年）の三つである。

チューリングの思想

チューリング・マシンとは、無限の長さのテープと、テープを読み書きするヘッド、機械の内部状態を記憶するメモリ、の三つの部分から構成された仮想的機械である。この機械はヘッドの位置の情報を読みとる、ヘッドの位置にあるテープに情報を書き込む、機械の内部状態を変える、ヘッドを右か左に一つ移動する、という単純な動作をくり返す。そして機械の内部状態が「停止状態」になると動作をやめる。

こんな奇妙で単純な機械を空想して何になるのであろうか。チューリングはこの機械を用いて、適切なプログラムをテープ上で実装すれば、いかなる機械の振る舞いをもシミュレートできる「万能チューリング・マシン」が可能であることを示した。これはつまり、プログラム可能なコンピュータの理論的可能性を示したことになる。それゆえチューリングは「コンピュータの父」と呼ばれることがある。コンピュータを電子工学の成果のように思っている人が多いが、じつのところ、記号論理学の副産物なのである。

チューリングの目的はコンピュータの可能性を示すことにあったのではなく、数学基礎論と呼ばれる分野に貢献をすることにあった。このマシンを使ってチューリングが直接目指したことは、ある命題が証明できるかどうかは証明できるまでわからない、ということを証明することにあった。チューリングはこのマシンで、証明や計算が実行される過程を、数学者の心理状態を含めてモデル化したのだという。

チューリングの第二の業績は、いわゆる人工知能の基礎を築いたことにある。当時、チューリングはマンチェスター大学にいたが、そこには〝Manchester Mark I〟という世界で最初のプログラム内蔵型のコンピュータの一つがあり、チューリングはそこでプログラム開発の研究を行なっていた。チューリング・テストとは、コンピュータが人間の思考をシミュレートできているかどうかを判定するためのテストである。具体的には、二つの部屋に人間とコンピュータとをそれぞれ入れておき、別の部屋にいる人がこの二つの部屋と文字の送受信のみによって通信し、どちらがコンピュータかを当てるのである。このテストで人間を騙すことができれば、そのコンピュータは人間の思考をシミュレートできているとみなすべきだ、とチューリングは主張した。

チューリング・パターンという第三の業績は、生物の形態発生にかかわる化学反応の数理モデルである。チューリングは、ある条件が満たされる場合には、均一な状態から出発しても、そこから不均一な分布が自律的に形成され得ることを証明した。つまり、何の凹凸もない平面の上に、何種類かの化学物質を均等にむらなく置いたとしても、そこから縞模様や渦巻がかってにできるという魔法のようなことが可能であることを示した。

じつはチューリングの予想より早い一九五一年に、生物物理学者のボリス・P・ベルーソフが、自律的にかつ周期的なパターンの現れる化学反応を発見していた。チューリングの予想したパターンは時間的に変化しない静的なものにとどまったが、ベルーソフが発見した化学反応は、リズム（周期）をもった変動するパターンであった。

ベルーソフの発見はその当時は無視されたが、一九六〇年代後半に同じロシアのアナトール・M・ザボチンスキーによって確認された。チューリングのモデルが実際の反応で観察されるには、一九九〇年のキャステラらの実験を待たねばならなかった。このような現象は、自己組織化あるいはパターン形成という名称で呼ばれ、一九七〇年代以降、幅広く研究されるようになった。

この一連の研究は、均一な初期状態から、自律的に何らかのパターンが形成され得ることを示した点で画期的な意義を持つ。シマウマの縞模様を作るのに、最初に縞模様をイメージするものは存在する必要がなく、ある化学物質の組み合わせがあれば、誰も何もしなくても、自然に縞模様ができてしまうことが示されたのである。

これらチューリングの一連の研究は、数学基礎論・化学反応方程式・電子工学・コンピュータ科学と多岐にわたっているが、一つの一貫した流れを読むことができる。それは、生命に特有な発生や思考といった現象は、記述可能な数理システムにどこまで解消しうるか、という問題意識である。機械は思考しうる、と考えたチューリングは、生命現象のすべてが記述可能と考えていたようである。[2]

対話するチューリングとポラニー

このように思考や生命という問題について、相反する思想を形成していたポラニーとチューリングとは、マンチェスター大学の同僚であった。立場が正反対の上に、年齢も大きく離れていたが、二人は信頼関係を築いており、かなり突っ込んだ議論を行なっていた。一九四九年一〇月二七日には、他の学者と協力して「心と計算機械（The Mind and the Computing Machine）」というタイトルの研究会をマンチェスター大学の哲学科で開催している。有名なチューリング・テストの論文はポラニーの勧めによって書かれたという。[3]

また、ポラニーの著書『個人的知識』のなかにもチューリングが何度か登場する。そのなかのある注によれば、ポラニーが、機械では判断できず、人間がいなければけっして判断できないことがある、と主張したことに対して、チューリング自らその例となる写真を提供してくれたのだという。どういう写真かというと、競馬の順位を判定するための写真で、そこでは一見したところ二等の馬の鼻先のほうが一等の馬の鼻先よりも先にゴールしているように見えるのだが、よく見ると、鼻先に見えるものは二等の馬のヨダレである、というものである。[4]

チューリング・マシンとチューリング・テストとは、「機械は思考しうる」というチューリングの信念にかかわる問題である。ポラニーは暗黙の次元がなければ思考は成り立たないと考えていたのであるから、当然、チューリングと正反対の立場に立っていた。また、チューリング・パターンは発生の過程を複雑な化学反応として理解する立場である。ポラニーは発生もまた創発の過程と見ていたのであるから、これもまた相反する立場である。

　チューリングのようなアプローチで探究できることは、協同現象に限られると言ってよい。一つひとつの要素だけを見ているときには、予想もしなかったような現象が、多くの要素を相互作用させることで現れることはよくある。そういうものを見ると、私たちは驚嘆する。しかし、どんなに私たちを驚かせたとしても、そのマクロ現象の所以をたずねていって、最後に個々の要素の持つ性質の何が関与してそのような現象が生じたかを解明できるのであれば、それは創発ではなく協同現象である。

　この種のモデルは、どんなに複雑化していっても、複雑な協同現象のモデルにすぎないのであり、創発のモデルになることはない。一見、創発に見えることが協同現象にすぎないことを示すのがこの種のモデルの目的である。たとえば何らかの決まりきった計算ルールにもとづく経済的振る舞いをする自動人形《オートマトン》をコンピュータのなかの仮想実体（エージェント）として作り、それを相互作用させて、たとえば貨幣が出現したり、あるいはバブルが生じたりしたなら、貨幣やバブルは創発ではなく協同現象であった、と結論できることになる。

　もちろん、私はこの方向の探求の意義を否定しているのではない。私が言っていることは、この方向は創発の探求ではなく、創発の否定を目指して行うべきだ、ということである。そうすれば目的と手段とが一致する。実際、チューリングに代表されるこの方向の研究の発展は目覚ましく、かつて創発だと思われていたことがたんなる協同現象にすぎなかった、という事例は枚挙にいとまがない。この方向を「チューリングの道」と呼ぶことにしよう。

このことに留意すると、創発を研究するために、複雑な反応方程式を解いたり、コンピュータ・シミュレーションを行なったり、人工生命を構成したりするというアプローチは、本質的な矛盾を抱えていることになる。それは一方でポラニーの主張を認めつつ、一方でチューリングのアプローチを採用していることになるからである。つまり、このようなアプローチは、チューリングの線に沿っている以上、生命現象に創発の不要なることを示すことを目的とするはずである。

創発をいかに探究するか

さて、創発がこのようなものであるとするならば、創発の探究とは、何をすることを意味するのであろうか。この方向の研究を「ポラニーの道」と呼ぶことにしよう。

ポラニーの道の一つの分肢は、創発が起きている過程に「住み込む dwell in」アプローチである。これはポラニーが盛んに行なったことであり、たしかに意味の大きい方向である。ポラニーの書物では、創発と暗黙知についての興味深い例がいくつも紹介されている。医者の卵が胸部のレントゲン写真を見ても何が何だかわからなかったものが、多くの写真を見て、先輩医の話を聞くうちに、なんとなく結核や肺ガンなどの病巣が見分けられるようになる事例がある。また自転車に乗ったり、水泳をしたりする者が、気づかぬうちに物理的に見てきわめて合理的な操作を習得する事例やアインシュタインの相対性理論の発見過程の事例などが挙げられている。しかしそれで十分というわけではなく、より多くの場面について同様の事例を積み上げて、文句のつけようのないものにする必要がある。そうすれば創発を否定するアプローチによって掘り崩しが行われても、創発概念を守り抜く一助になるであろう。特に、進化の創発過程についてポラニーの挙げている事例は、それほど多くはなく、しかもわかりにくいものが多い。生命の持つ多様性やその進化の歴史を広く探索し、盲目的な最適化などによってはけっして実現しえない例を収集する必要がある。そのなかに住み込むことにより、生命進化における創発のダイナミクスを理解せねばならない(5)。

また、生態系・社会といった集団的レベルに創発がありうるのか、という問題はほとんど手がつけられていないように感じる。これらもまた、具体的な事例のなかに住み込むことで、創発の過程を感じとる必要のある問題といえよう。私自身は、かつてそのような創発の存在を信じていたが、最近はそれを否定する方向に傾いている。身体がないと創発は起きない、と考えるようになったからである。

もう一つの方法は、私が最近になって思いついたものである。それは、「創発を阻害するものについて考察する」というアプローチである。このアプローチのメリットは、創発そのものは暗黙の次元に属するが、創発を阻害するものは明示的な次元に属するので、いわゆる科学的分析の範疇《はんちゅう》に入る、という点にある。

じつを言うと、このアプローチもまた、ポラニーの推進したところである。たとえばポラニーは、「完全に根拠づけられた客観的知識」という思想が、知識の本質を破壊すると指摘している。すでに述べたように、暗黙の次元の作動がなければ知識はありえないので、その否定は、知識の基盤そのものを否定してしまうからである。この場合、「客観的知識」という誤った思想が、創発を阻害するものとして明らかにされている。さらにポラニーは、「すべては終極的に物理と化学とによって説明できる」という「ラプラス流の宇宙観」を問題視する。その有害な影響が、二〇世紀における広範な文化や市民生活の破壊、さらには社会的混乱に帰結してきたとさえ主張している。[(6)] このような創発を押しつぶす思い込みを指摘し、科学をより人間的な基礎の上に構築することがポラニーのアプローチの重要な側面である。

ポラニーの主張のうちで理解しやすいのは、創発そのものへの言及ではなく、創発を阻害するものへの言及である。そのため、ポラニーの主張に共感しながら、創発の概念を誤解する人が多くなる。この誤解によって、創発と協同現象との混同が生じるが、ポラニーの立場からすればそれは、「知識の破壊」と「生きるということの否定」とに帰結する有害な行為である。創発を標榜しつつ、チューリングの道を採るのは、論理矛盾である。

このような誤りに陥っている研究者は多い。何を隠そう、私自身がその誤りに長く陥っていた。実際、『貨幣の複雑性』という書物のなかで私は、コンピュータ・シミュレーションによって、多数のエージェントのあいだに貨幣が「創発」することを論証した。しかも私はわざわざポラニーを引用してそのように議論したので、これは不適切であった。

ただし、今でも、この研究が無意味だとは考えない。私が示したことは、貨幣というものは創発現象ではなく協同現象にすぎない、ということだったのである。これはチューリングの道に従った研究であった。

すでに述べたように、チューリングとポラニーとは、創造的に対話することができた。これはチューリングの道とポラニーの道とが相対立するものでありながら、対話可能であることを意味している。問題なのはポラニーの創発を掲げながらチューリングの道を行くことである。これではどこにも行き着くことができないばかりか、欺瞞を撒《ま》きちらすことになってしまう。

ポスト・クリティカルな探究

懐疑主義による自由を乗り越えるポスト・クリティカルな学問は、創発を前提とする。そのような暗黙の能力が生命に備わっていることを認め、その解明ではなく、その自由な発揮を目的とする。それは懐疑を前提としない。信じることを前提とする。

もちろん、無前提にそれを信じるのではない。チューリングの道により、創発でないものをきわめ尽くす研究が、もう一方の柱である。何が協同現象にすぎず、何がその残余として残るのか。そうすることで生命の持つ暗黙の能力の範囲が間接的に明らかとなる。

暗黙の次元を認めるポラニーの道に沿った研究とは、その一つが創発に住み込み、その作動を感得する研究であり、もう一つが、創発を阻害するものについての研究である、と今のところ考えている。次章では、このうち後者の方向を示したいと思う。

もちろんこれは、単なる研究にとどまるものではない。ここで論じる問題は、価値を生み出す経済活動は何かということ、あるいは企業などのマネジメントをどのように展開すべきかということなどに直結している。組織や市場が秩序を失わずに運営されるのは、それがうまく設計されているからでも、ルールが正しいからでもない。もちろん、組織設計がおかしければ、あるいは不当なルールが適用されれば、それは無秩序に帰結する。しかし、これらが秩序を生み出しているのではない。組織や市場が、まっとうに運営されるためには、その運営に携わる人々が、きわめて高度な計算を実行する必要がある。その計算量は、コンピュータなどが実現できる範囲をはるかに超えている。この問題を乗り越えるには、人間の創発する力に頼るしかない。この力の発揮をいかに阻害しないかというのが、マネジメントの根幹である。これらの問題についても、次章以降で議論していきたい。

---

(1) 野中郁次郎・竹内弘高・梅本勝博、『知識創造企業』。
(2) 以上の記述は Hodges, *Turing* ／星野力、『甦るチューリング』／蔵本由紀、『非線形科学』／安富歩、『複雑さを生きる』、第一章にもとづく。

(3) Hoges, *Alan Turing*, p.414

(4) ポラニー、『個人的知識』／Hodges, *Alan Turing*, pp.414-415

(5) 物理学者の大野克嗣は生命進化について、このような事例を多数収集し、体系的に考察している。ただし大野は、「協同現象」を「創発」と呼び、「創発」を「創発を越えるもの」と呼称している（Oono, *Integrative Natural History I*）

(6) ポラニー、『創造的想像力』。

第五章●生命のダイナミクスを生かす

暗黙の次元と明示的次元をわける

ポラニーの道に従って創発の探究を進める上で、私が重視しているのは、創発を阻害するものについての科学的考察である。そしてさらに、阻害要因をたんに分析するのではなく、それを除去するとはどういうことかを明らかにすることが重要であると考える。

本章ではまず、「手続的計算」と「創発的計算」という概念を説明する。次に、人とモノとが対話する場面について考え、その上で、人と人とが対話する場合を考える。そのなかで、「ハラスメント」という概念を導入し、その論理を手短に説明する。

これまでの社会科学は、人と人とのやりとりを質的に区別せず、「コミュニケーション」という名で一括りにしてきた。私はこれが社会科学を非科学的にしていた大きな理由であると考える。

人間同士のコミュニケーションは、メッセージのやりとりの背後で、学習過程が作動しているか否か、を基準にして、質的に区別すべきである。そうすることではじめて、暗黙の次元に属する「創発」と、明示的次元に属する「創発の阻害」とを区別し、後者に科学的分析を加えることが可能となる。そうすれば、創発を阻害するものをいかに除去すべきかについて、実践的な考察を行うことができる。これは、たんに学問的な問題ではない。創発を生かす道の探求は、人間が生きるということの本質と、密接に結びついている問いである。

手続的計算と創発的計算

私は、チューリング・マシン（すなわち、現在のコンピュータ）によって実現されるような計算を「手続的計算」と呼び、暗黙知の作動によって実現される計算を「創発的計算」と呼ぶ。これは、チューリングの計算の概念からは、けっして出てこないものである。

創発的計算は謎の計算過程であるが、デジタル計算に依存せずに実現されていることだけは確実である。なぜならデジタル計算では、第一章などで見てきたようなNP困難・組み合わせ爆発に直面するからである。

人間の計算過程がチューリング・マシンと相当に違っていることは、確実だと私は考える。第一の理由は、脳の神経回路の不安定性である。コンピュータの計算回路は、物理的に安定であることが前提となっている。CPU回路のどこかが切れたりすると、すぐに作動がおかしくなる。ところが、脳は恐ろしく不安定な回路である。人間の大人の脳では、一日におよそ一万個の脳細胞が死ぬことが知られている。一つの脳細胞は一万〜一〇万の「手」を持っていて、他の脳細胞と接続している。ということは、一万個の脳細胞が死ねば、一億〜一〇億本の接続が切れていることになる。毎秒という単位で見ても、一〇〇〇本から一万本は切れている。これだけのスピードで回路が切れながら、計算が安定して実行できる、という事態は、現在の電子計算機の延長線上では想像することができない。実際、知り合いのコンピュータ科学者にこの話をしたら、絶句していた。

最近の脳科学のなかでは、脳細胞の接続関係そのものに計算能力の源泉を求めることはできず、計算は、脳細胞の相互接続の創り出す空間内で生成している脳細胞の作動のダイナミクスそのものが担っている、と考える人が増えている。とはいえ、そのような「ダイナミクスが計算を担う」という事態が、何を意味しているのかはほとんどわかっていない。

じつのところ脳科学は、非常に無理のある学問である。ある気鋭の脳科学者が教えてくれたのであるが、脳は数百億という数の神経細胞でできていると言われるのに対して、脳に電極を差し込んで電気的な振る舞いを見るという動物実験などの標準的な方法では、数個の脳細胞の動きの一部を知ることしかできない。これはちょうど、数人の人に簡単なアンケート調査をして、人類社会全体の作動原理を推定するのに似ている、という。脳の探索は、宇宙探索よりも難しい、と言うことさえできる。(1)

脳科学に比べれば、経済学はずいぶん幸せだと思ったほうがよい。なにしろ私たちは、経済システムを構成する経済的行為を発生させる張本人だからである。その上、経済システムの作動の過去の経緯さえ、さまざまの資料を用いて明らかにすることができる。経済学者は、自分たちの学問は非科学的だというコンプレックスを抱き、それを補塡《ほてん》するために過剰な数理的整備をする傾向がある。しかし、脳科学が科学であることを認めるなら、そのようなコンプレックスを抱く理由はそもそもない。複雑怪奇な数理モデルを捏造せずとも、経済についてまっとうに考えさえすれば、それで十分科学的なのである。

このように厳しい状態にありながら、脳科学は多くの科学的成果を挙げている。最近の成果のなかで私が重要であると考えるのは、脳だけが計算しているわけではないことを明らかにした点である。

たとえば脳神経科学者のアントニオ・ダマシオは、身体反応の持つ重要性を明らかにした。ダマシオは、情動（emotion）と感情（feeling）とを明確に区別する。ここで、耳から爆発音が聞こえたとする。すると無意識のうちに身をすくめ、動悸《どうき》が激しくなり、汗をかく。このような身体反応を「情動」という。それに対してこの身体の状態変化を脳が受けとめて生じるのが「感情」である。先ほどの例でいえば、体がすくんで感じるのが「恐怖」という感情である。

Don't think, FEEL!

このような原生的な身体反応にもとづく情動から、より複雑な情動反応を創り出すことができる。たとえば、「こわい」という感情と「爆発」という概念が結びついて、今度は「爆発」についての話を聞いただけで体がすくむ、という反応を形成できる。こういった情動と概念との結びつきをくり返すことで、複雑な意味が構成されるらしい。つまり、「外界→脳→身体→脳」という形で、いっ

たん、身体を経由してはじめて「意味」が形成されている点に注意する必要がある。(2)

周知のごとく、日本・中国・インドなどのアジア世界では、思考は脳ではなく腹部で行われ、脳はたんなるデータの蓄積器官にすぎないと考えられてきた。この考えは解剖学的に腹部に思考を支える器官がないことが示されたために否定されているが、上述の最近の成果は、その考えが必ずしも間違っていないことを示唆《しさ》している。日本語では「腹を決める」「腹の探り合い」「胆の据わった」「腹黒い」「腑に落ちる」というような言葉で、身体が意味の形成に際して重要な役割を果たしていることを示唆している。

私は、暗黙知の作動による創発的計算には、身体が決定的な役割を果たしており、それと脳との複雑な相互作用が関与していると推測している。その計算過程は、チューリング・マシンが実現しうる計算の範囲を大きく逸脱しているはずである。この部分を私は「創発的計算」と呼ぶ。

映画『燃えよドラゴン』でブルース・リーは、

「考えるんじゃない、感じるんだ！（Don't think, FEEL !)」

と言った。これを本書の言葉で解釈すれば、以下のようになる。

「手続的計算に頼るんじゃない、創発的計算を信じるんだ！」

おそらく、武術のような激しい相互作用の場面で手続的計算に依存すれば、動きがぎこちなくなり、すぐに相手に倒されてしまうのであろう。暗黙の次元をフル回転させて、創発的計算を実現して柔軟に戦うことが、武術の極意であろうことは、十分に想像しうる。

では、人間が何かのタスクを行うとき、どのようにして暗黙の次元を開くのであろうか。またそれは、どのようにすれば阻害されるのであろうか。この問題を次に論じたい。

モノに「住み込む」制御術

最初に、あなたがモノと向き合っている場合を考えよう。あなたがモノに働きかけると、そのとき、モノはあなたに反応を返す。たとえば、ハンマーでモノを叩くと、ガキンという鋭い音がする、という具合に。

こうやって何度もハンマーで叩いていれば、その反応の具合から、あなたはモノの様子やその変化を知ることができる。このとき、あなたはモノのなかに「潜入」していき、そのモノに「住み込んで」いく。ハンマーを振るうあなたとモノとを含み込んだ、一つのフィードバック回路が形成され、その回路の作動そのものが、あなたが「モノを理解する」という創発を生み出す。

この回路は、固定した同じ運動をくり返す回路ではない。なぜならあなたはモノとの「対話」のなかで、自分自身のモノへの認識を深め、作り変えていくからである。それにともなってモノも、受動的ではあるが、モノ自身の性質に従って変化していく。たとえばこのモノとの対話が、工芸品の製造工程であれば、この運動の発展の結果、「魂のこもった」美しい製品が出現する。「魂がこもっている」というのは手続的計算によって表面をとりつくろったのではなく、創発的計算によって計算量爆発を乗り越えた深い計算量によって処理された、という意味である。この回路の作動はまぎれもない創発の過程である。

この創発を阻害するには、この回路を切ってしまえばよい。たとえばあなたが振り上げたハンマーを私が強力な磁石で引き寄せたなら、あなたのハンマーの軌道は歪んでしまい、うまく叩けなくなる。あるいは、モノとの「対話」に没頭するあなたに、

「おい、今日の昼メシの魚、うまかったな」

と話しかけると、あなたは気が散って失敗する。

もっと効果的なのは、コーチするフリをして、どうでもいいケチをつけることである。

「なんだ、その手首の振り方は。そんなんじゃ効率的に叩けないぞ。ほら、うまく当たっていないじゃないか。それにその左手。ちゃんとハンマーが当たらないように控えめに押さえないと。ほーらみろ、左手をぶっ叩いた。言わんこっちゃない」

これであなたの暗黙知の作動はメチャクチャになる。このような、物理的あるいはコミュニケーション的な回路の切断が、創発を阻害する[3]。

ということは、それらの阻害要因をとり除けば、創発を促進することができる。つまり人とモノとが相互作用する回路が切れることが問題であり、それを接続することが、創発が生じるための必要条件なのである。

回路をつなぐことがそもそも物理的に難しい場合には、それを接続する知識や道具などが、創発の阻害をとり除く役割を果たす。

たとえば、扱う対象がナノメートル（一〇億分の一メートル）といった微小な物体である場合を考えよう。そのように微小なモノを認識するのはとても難しいことである。もちろん、人間の感覚はきわめて優れていて、ナノメートル単位のモノの配列を指先で感じることも十分可能である。たとえば、根性を入れて泥だんごを作ると、ピカピカに光らせることができる。その表面は電子顕微鏡で見てもツルツルであり、それはナノレベルの制御を実現できていることを意味している。

この場合、泥だんごと人とのあいだに形成される回路が作動することで、創発的計算が実現されていると考えられる。教育心理学者の加用文男によれば、それは泥だんごが乾燥する過程で生じる微細な粒子の動きを、精妙に捉えることで実現されるという。その精妙な制御が、魂の入った驚異的な光る泥だんごに帰結する[4]。

とはいえ、このような水準の指先による制御を、誰もがすぐに達成できるわけではない。そこで、この表面の状態を何らかの動的な観測機器によって、つねに「見る」ことができればどうであろうか。そうすれば、鋭敏な指先を持たない人であっても、ナノメートル単位のモノとのあいだに、回路を作り出すことができる。

指先でナノメートルの物体の様相を感じることができない人にとっては、そのモノとのあいだに回路を形成することはできない。そうである以上、そこに住み込むことはできず、創発的計算は実現されない。そこに観測機器が持ち込まれ、モノを「見る」ことができるようになれば、回路を形成することが可能になる。このとき、この観測機器は、創発の阻害要因をとり除いていることになる(5)。

こういったことはもちろん、泥だんごだけの問題ではない。それどころか、高度の技術を駆使して生産物を製造する工場の運営や、あるいは、複雑で精妙な操作を要する製品の開発などと直結した問題である。大切なことは、人とモノとの回路の形成を阻害するような要因をできるだけとり除くことである。もちろんそれで、あなたに創発が必ず起きるわけではない。しかし、その可能性は確実に高まる。

創発的コミュニケーション

次に、人と人とが向き合っている場合を考えよう。私があなたに話しかける。あなたがそれを受けとめて、言葉を返す。私がそれを受けとめて、あなたに言葉を投げかける。それをあなたが受けとめて……。このやりとりの連鎖もまた、一つの循環するフィードバック回路を形成している。

この回路に双方が住み込むことで、お互いについて学び合い、認識を新たにしていくことができたとき、そこでは創発的なコミュニケーションが成立していると言える。このとき、お互いが、相手のメッセージを受けとるたびに、自分自身の認識を改める用意がなければならない。それを私は「学習」と呼んでいる。

メッセージの受信、学習、メッセージの送信、という作動を、双方が維持しているとき、これを「対話」と言うことができる。それゆえ、「対話」と「創発」とは不可分な関係にある。

この対話を阻害する、というのはどういうことであろうか。もちろん、対話ができないように物理的に阻害する、ということも含まれるが、今はそれについて考えないことにしよう。

人々が表面的には対話を継続しているにもかかわらず創発がもはや生じない、という場面は十分に考えられる。このようなときに創発を阻害するものとは、他者に対する学習を停止する、ということである。

たとえばあなたが私に言葉を投げかける。それを受けとった私はあなたについての認識を改め、言葉を返す。あなたも同じことをする。そうして対話が成立しているあいだに、私が突然、あなたへの学習回路をこっそり停止したとしよう。

つまり私は、あなたの反応を材料として、あなたの像をかってに作り上げて固定してしまう。その像をあなたとみなし、その像に向かって語り、その像に向かって行為する。あなた自身の今の姿には注意を払わない。その像からはみ出るあなたの姿を「間違い」とみなし、無視するか攻撃する。その上で、「これがあなたの真の姿なのだから、それと違うことをするお前が悪いんだ」というメッセージを送る。

このように学習を停止し、捏造した像を他人に押しつける行為は、対話の回路を切断してしまう。たとえその状態でメッセージのやりとりを続けたとしても、それは一回ごとに言うべきことを探し出して伝える、ぎこちない行為がくり返されているばかりである。メッセージがメッセージを産んで、豊かな発展を見せる、ということはもはや起きない。

このような状態でも、「対話を継続しなければいけない」という罪悪感によって、学習過程の停止した人とのメッセージのやりとりを維持することは、危険な行為である。それを続けると、あなたの学習過程もまた破壊されてしまう。そうしてそこに、支配と従属とが生じる。このような状況においては、新しい価値が生じることはない。すでにあるものの使いまわしと奪い合いとがあるばかりである。

このような学習過程の停止は、創発の阻害要因である。この阻害要因をとり除くならば、それは、創発を促進することに繋がる。

この問題を別の角度から考えてみよう。図1は人と人とが創発的に対話している場面を描いている。この場合、たとえばAがBに対してメッセージを投げかけたとしよう。Bはそのメッセージを

図1

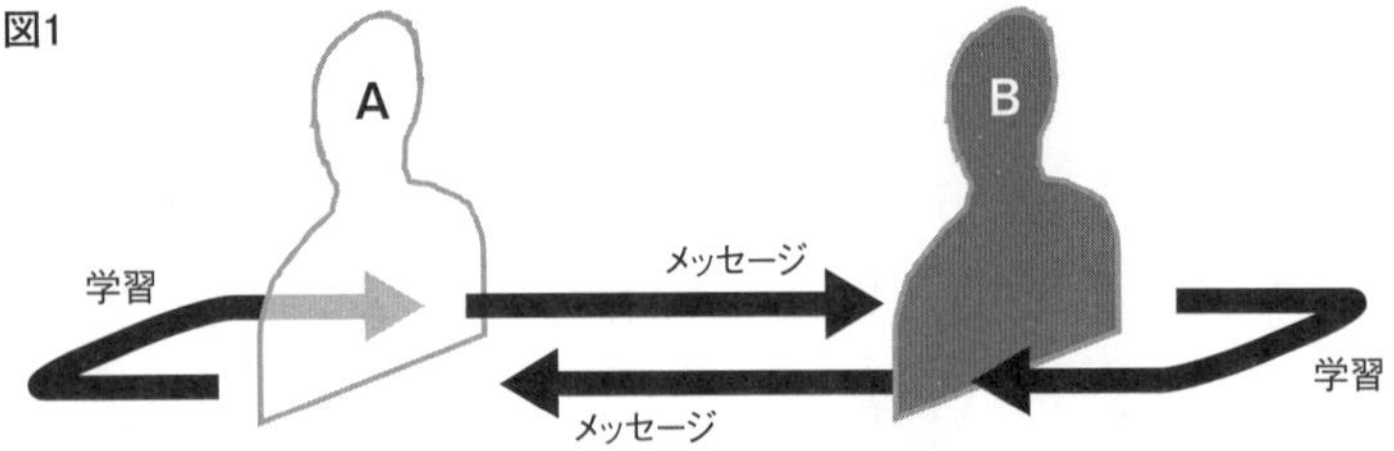

受け止めつつ、投げかけたAについての像を書き換え、また自らの状況についての認識を書き換える。この書き換えの作業を「学習」と呼ぶ。この学習過程を作動させつつBはメッセージをAに返す。それを受けとったAもまた学習を行い、その上でメッセージを返す。

暗黙の次元で作動する感覚の教えてくれるところを正確につかむことが、学習にとって大切である。というのも、すでに述べたように、創発的計算は身体に依存している部分が大きいからである。

このように、双方が自分の身体の感じとるところを正しく把握し、双方が学習過程を開いている場合に生成されるコミュニケーションを「創発的コミュニケーション」と呼ぶことにしよう。

これに対して図2は創発的でない、病的なコミュニケーションを描いている。この場合、Aからメッセージを受けとったBは、学習過程を停止させた上で、学習するフリをして、Aにメッセージを返している。これに対してAは、そのメッセージをまじめに受けとってBについての学習を行い、その上でメッセージを返す。ところがこれに対してもBは学習を行わずにメッセージを返す。

Bは、Aについての自分に都合のよい像を捏造し、その像に向かってメッ

図2

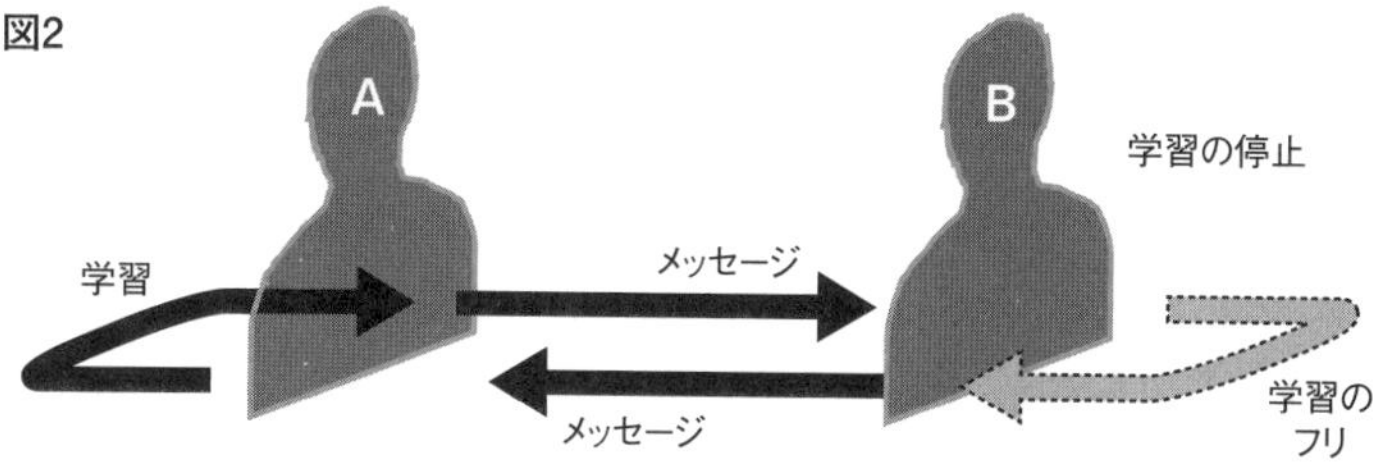

セージを産出する。Bが抱くAの像は固定したままであり、それからAが外れた場合には、それを否定する攻撃的メッセージを送るが、同時に、「これは攻撃ではない」というメッセージも送る。この二つの矛盾したメッセージを送り込むことで、BはAの学習過程を混乱に陥れることができる。この病的なコミュニケーションを私は「ハラスメント」と呼ぶ。

注意すべきは、創発的コミュニケーションが、必ずしも双方がなごやかに話し合っていることを意味しないことである。双方が自分の感ずるところに従って自分を投げ出していれば、それは一見したところ激しい言葉でやりとりして言い争っているように見える。それと同じことであるが、ハラスメントが生じている場合、表面的にはなごやかな対話が行われていることも多い。問題はお互いが相手に対して感じることを、自分自身に対して誤魔化しているかどうかである。

また、もう一つ注意すべきことがある。それは、ハラスメントがコミュニケーションの重要な要素である規則・制度・概念・言語・記号などの存在によってはじめて可能になり、しかもそれらは、本質的にハラスメント的側面をつねに帯びている点である。それは、ちょうど包丁が料理をするための不可欠の道具であるにもかかわらず、殺人の道具にも使えることに似ている。殺人を防ぐために包丁を全廃することが不可能であるように、ハラスメントを防ぐために、たとえば規則を全廃することは不可能である。包丁は殺人の道具にもなりかねないことを意識しながら、料理のために使わねばならない。規則は、それがハラスメントの道具となりうることにつねに注意しながら、コミュニケーションのために使わねばならない。そのことを忘れて規則を振り回すのは、包丁を振り回す以上に危険である。

ハラスメントのもたらす倒錯

ハラスメントが恐ろしいのは、それが無意識のうちに作動するからである。ハラスメントを受けながら、そのときに感じる「嫌だ」という身体反応を否定し、「相手は自分のためを思ってやってくれているんだ」と思い込んでしまったとしよう。すると、自分自身の感覚と自分の考えていることとが対応しなくなる。この状態に長期にわたって置かれていると、人間はそれに適応する学習をしてしまう。すると、

「嫌だ」という感覚を与える人　＝　私への思いやりのある人

というような、異常な判定基準を自分のなかに作り出してしまうことがある。これをさらに発展させると、

「嫌な感じ」＝「正しいこと、良いこと」
「嬉しい感じ」＝「間違ったこと、悪いこと」

というような倒錯した関係式を自らのなかに構築するにいたる。こういった倒錯は、じつのところ珍しいことではない。それどころか、非常に普遍的現象である。

たとえば名古屋の人は、とてもおいしいものを食べると、

「うもうてかんがや」

と言うことがある。これは「おいしくって、いけない」という意味である。何が「いけない」のかというと、おいしいものを食べたりすると、「嬉しい」という感情が湧き上がってきて、同時に「いけない」という感じがするのであろう。

あるいは、最近の若い人がよく口にする「ヤバイ」という言葉も同じ意味を持つ。彼らは、すばらしいものに出会うと、

「ヤバイ」

と言う。これも「うもうてかんがや」と同じ論理であって、すばらしいものに出会ったときの自分の「嬉しい」という感覚が「やばで」よからぬものなのである。

同じような考え方は、イサク・ディーネセン（本名をカレン・ブリクセン）の小説『バベットの晩《ばん》餐会《さんかい》』に美しく描かれている。この小説は忠実に映画化され、一九八七年のアカデミー賞最優秀外国語映画賞を受賞している。

一九世紀のデンマーク、ユトランド半島の片田舎のプロテスタントの村に、フランスから女性の料理人バベットが亡命してきて、ある老姉妹の家に暮らしていた。この姉妹は、ルター派に属する一宗派の創始者の娘であり、敬虔《けいけん》なプロテスタントである。

一四年にわたって静かに暮らしたバベットは、フランスで友人に買ってもらっていた富くじが当たり、多額の賞金を手にする。そこでバベットは、プロテスタントの教えに従い極限的な質素倹約を旨とする老姉妹に特別の許しを願い出て、彼女らの父の生誕一〇〇年を祝う晩餐会を開くことにする。

バベットは、パリからとり寄せた海亀をはじめとする高級な材料を使って、豪勢な晩餐会の準備をはじめる。老姉妹と村人はその準備の様子を見て肝をつぶす。というのも、バベットの料理は村人の想像をはるかに超えたご馳走であり、そのようなご馳走のもたらす快楽に身を任せることは、プロテスタントの宗教的信念に反しており、悪魔の誘いに乗ることになってしまうからである。

そこで村人は申し合わせをして、晩餐会では何を食べても、おいしいと感じないことにしよう、と誓い合う。

「われらの師の記念日には、舌を使うのは感謝とお祈りのことばをいうときだけにして、あとはなにもいわずに通そうではないか。気高い精神的なことを話すほかは、舌を使わないようにするのだ。そして味覚のほうは、働いていないように振舞うのだ」（ディーネセン、『バベットの晩餐会』、四一頁）

晩餐会の当日、信者たちは、食事の前のお祈りに際して、食べものにかかわる言葉はけっして口にすまい、食べもののことはいっさい考えまい、との決意を固める。パリで最高のコックであったバベットの創り出す最高級のご馳走のもたらす喜びを、老姉妹と村人たちは必死に抑え込みながら、無造作に食べていく。

この種の倒錯を前提とすれば、「嬉しい」「気持ちいい」と感じることは、よからぬことである。逆に、良いことは「嫌だ」「つらい」という感覚をともなわないといけない、ということになる。ところが、創発的コミュニケーションは、たとえそれが激しい論争であっても、双方に喜びを与える。それゆえ、対話者の片方が「つらい＝正しい」という倒錯的関係式を抱いていれば、その人は創発的コミュニケーションに出会うと体がすくんでしまう。体がすくめば学習は停止する。

このような人は、かつて感覚を開いたコミュニケーションをしようとして、心を傷つけられた経験を積み重ね、そのなかで感覚を抑え込んで自分を守るという適応をしたのである。言い換えれば、学習を停止する、という学習をしてしまったことになる。学習という機構は、原理的に停止しやすいという弱点を持つ。学習は、「学習しない」という学習を許すが、ひとたび学習しなくなると、いかなる変化も起きなくなるので、「学習を再開する」という学習もできないからである。

ぎこちない身体

もしあなたが、創発に出会うとすくんでしまうような状態にある場合に、それでも対話を続けるとどうなるであろうか。このとき、あなたは学習過程を停止した状態でコミュニケーションに臨むことになる。つまりそれは、ハラスメントを相手に対して仕かけることに帰結する。こうして、意識の上では「正しい」ことをしながら、実際には他者への学習過程の停止＝ハラスメントを実行する、ということになる。これがハラスメントの無意識に生じる理由である。

ハラスメントを誰かから受けた者は、このような形で、別の人に対してハラスメントを仕かけることになりかねない。もちろん、ハラスメントを受けていることを「嫌だ」と認識していればこのような連鎖を起こさないでいられる。問題は、そのような行為を仕かける相手の悪意を直視せず、

「これは仕方のないことだ」

「この人は私のためを思ってやってくれているのだ」
「悪いのは私のほうだ」

などと自分に言い聞かせる場合である。このとき、学習過程の停止は「正しいこと」、少なくとも「仕方のないこと」に転化する。このとき、自分の本来の感覚・欲求は間違っており、そのような感覚・欲求を覚えるのは悪いことだと思ってしまう。こうして自己嫌悪が生じる。

私は、このような状態に陥ることを「呪縛にかかった」と表現する。つまり、ハラスメントを受けながら、その苦しみを誤魔化すために、「自分を攻撃している人は悪くない」「それは正しいことだ」、あるいは「私が望んでいることだ」と思い込むこと、これが呪縛にかかるということである。こうなると、悪いのは自分だ、ということになる。このような呪縛にかけられたハラスメント被害者を、「ハラッシー」と呼ぶ。これは、ハラスメントを仕かける人物を「ハラッサー」と呼ぶのに対応している。

ハラスメントの純粋の被害者と、呪縛にかけられたハラッシーとの違いは重要である。純粋の被害者は、自らが苦しんでいるが、それを自分で受けとめている。ところがハラッシーは、それを自分で受けとめないで他人に被害を及ぼしてしまう。このときハラッシーはハラッサーの共犯者となり、他人にハラスメントを仕かけるので、「ハラッシー＝ハラッサー」となる。

ある人がハラスメントを受け、呪縛にかかると、学習過程を停止してしまい、そのままの状態で他の人との対話を行えば、無意識にハラスメントをしてしまう。そのハラスメントを受けた人の学習過程が停止してしまえば、その人もまた誰かに対して無意識にハラスメントを仕かけることになる。こうしてハラスメントは無意識のうちに連鎖する。

ハラスメントに関する諸研究の明らかにしているように、このような手段を駆使する人々の行動パターンや、このような事態の発生パターンは限られている。豊かな人間性を失ったハラッサーとハラッシーとは、同じ手段、同じ言葉、同じ理屈、同じ表情を駆使し、同じ状況を作り出す[6]。

私は『ハラスメントは連鎖する』の第二章で、大学におけるハラスメントの架空の物語を作り出した。じつを言うと、この物語の基本的ストーリーは、私自身に取材している。私のなかの、加害者としての、また被害者としてのハラスメント的要素をとり出して主軸とし、それに私の周囲に起きた事例や報道などからも取材し、接合して構成した。

このように、いくつかの事例を、私自身のハラスメント的側面に接合して物語を作っているときに気づいたのだが、まったく違う事件における発言や振る舞いを合成しても、相互に矛盾しないのである。その上、私が以上のようにして作り出した物語を読んだ匿名の読者から、「どの場面も、どの人物も、どの言葉も、私が経験してきたことに本当にそっくりです」というメールを頂いた。これは、私自身を含めて、多くの人が、ハラスメント状況下において同じ作動原理に従うことを示唆している。

ハラスメントを仕かける人は、創発性を失っているので、手続的計算によって振る舞いや言葉を産出することになる。ところが、人間の持っている手続的計算能力は、電子計算機とは勝負にならないほど、非常に貧弱である。このような遅い計算機で、複雑な人間関係に対処しようとすれば、必然的に、定型的振る舞いの切り貼りになってしまう。こういった行為をくり出す人物の思考パターンは、つねに驚くほど陳腐なのである。

人間は本来、豊かな行動の可能性を持っており、多種多様で予測不可能な振る舞いをするが、ハラスメント状況下では、著しく単純で予測可能な振る舞いをする。それゆえこの部分に関しては、分析的理解が適用可能である。

自己欺瞞と権威主義的人格

第二章で論じた、フィンガレットの言う「自己欺瞞」は、ハラスメントと直接関係している。ハラスメントを受けた人が、その苦しみに耐えかねて、「これは仕方のないことなんだ」と自分に言い聞かせることで、痛みを感じないようにするとき、その人は呪縛にかかっている。呪縛とは、自分自身が「ハラスメント被害者」であるという事実に目をつぶり、加害者は悪くないと自分に言い聞かせている状態である。

自分に対して仕かけられている理不尽な攻撃の、その理不尽さを感じながら、それを無視する行為は、そのまま自己欺瞞である。

自己欺瞞は暗黙の次元の作動の帰結である。しかしそれは、「学習しない」という方向への学習である。車の音の暗黙的な聞き分けと、自己欺瞞とが、同じ機能に依拠しているからといって、自己欺瞞を「仕方のないこと」と擁護することはできない。自己欺瞞は、生きるために必要な適応能力の、悪用だからである。あるいは、その能力を他者に悪用されることを、甘んじて受け入れる「自分に対する裏切り」だからである。

フロムは、ハラスメントと同じことを「サド・マゾヒズム」という概念で議論した。フロムは、他者の支配を目指すサディズムと、自分を小さくし、弱くし、傷つけるマゾヒズムとが、本質的に同じものであると鋭く洞察した。両者は、生命を破壊する衝動に由来し、それが他者に向かえばサディズムであり、自己に向かえばマゾヒズムである。このようなサド・マゾヒズム的特徴を持つ破壊的人格を「権威主義的人格」と呼んだ。これは私が「ハラッシー＝ハラッサー」と呼ぶものに対応している。

フロムは、「個人のうちに見られる破壊性の程度は、生命の伸張が抑えつけられる程度に比例するように思われる」と指摘し、その根源を、「生命全体の障害、すなわち人間の感覚的、感情的、知的な諸能力の、自発的な成長と表現の妨害」にあるとした。その上で、次のように主張した。

生命はそれ自身の内的ダイナミクスを持つ。それは成長し、自らを表出し、自らの生を生きようとする。もしこの意欲を阻害されると、生を志向していたエネルギーは、変質過程を経て、破壊を志向するエネルギーへと変化する。言い換えれば、生への衝動と破壊への衝動は、相互に独立な要因ではなく、逆の相互依存関係になっている。生への衝動が阻害されれば阻害されるほど、破壊への衝動は強くなる。生が実現されればされるほど、破壊性の強度は低くなる。**破壊性とは、生きられなかった生の結果なのである。**(Fromm, *Escape from Freedom*, p.182)

ナチズムの根源を同時代的に探求したフロムのこの思索は、人間の破壊性の本質を抉《えぐ》り出している。本書で私が展開している主張の直接の源泉を辿《たど》ると、ここに行き着くように思われる。

ただフロムの議論には賛成しがたい点がある。それは、このような衝動の生じる理由を、個人の孤独感と無力感とに求め、それが、近代的自由に由来する、と考えている点である。フロムは、近代ヨーロッパにおいて人間が共同体からはじめて離脱し、それによって選択の自由を獲得すると同時に他者との連帯と紐帯とを喪失し、孤独感と無力感とに直面した、というステレオタイプ的な認識に陥っている。

私はこれに対して、ハラスメントの源泉たる孤独感・無力感が、他人から受けたハラスメントを源泉にしている、と考えている。『複雑さを生きる』や『ハラスメントは連鎖する』で詳述したように、私はこのような考え方を、心理学者のアリス・ミラーや同じく心理学者のアルノ・グリューンから学んだ。ここでは彼らの思想を詳述する余裕はないが、その主たる論点は、大人によって子どもに加えられる暴力や虐待、さらには真綿で首を絞めるような操作が、子どもの心を破壊し、本来の自分を失わせ、それが人間の内なる破壊性を生み出す、という点にある。

フロムの議論は、権威主義的人格の由来を、近代人の共同体的紐帯からの離脱に求める。これに対して私は、権威主義的人格に見られるハラスメント的要素の由来をその人の受けたハラスメントに求める。つまり、ハラスメントがハラスメントを生み出すと考えている。ハラスメントとは学習過程の停止であり、ハラスメントからの脱却は学習過程の回復である。比喩《ひゆ》的に表現すれば、個々の人間の心のなかで、学習過程の作動（生）とその停止（死）とが争っている、と私は見ている。第六章で見るように、フロムの依拠するマルクス主義的な共同体的紐帯と市場的自由との対立は、幻想である。それゆえ、フロムの議論のこの部分は、成り立たないと私は考える。

それでも、ナチズムのみならず、人間を抑圧するものの正体を、「サド・マゾヒズム」という形で明らかにし、それが生命のダイナミクスの発露の阻害によることを見出したフロムの洞察は、人類史的な重要性を帯びている。この洞察を手放さないことが、人類の未来にとって決定的な意味を持っていると私は考える。

フィードバックせよとドラッカーは言う

経営学の創始者であるピーター・ドラッカーは、オーストリア生まれであり、ナチスの支配に反対して一九三七年アメリカに亡命した。ドラッカーは、フロムやポラニーと同様に、なぜこのような自由の崩壊が生じ、人々が全体主義を支持したのかについて考察し、それが根本的には、仕事がうまくいかないことにあると考えた。

二〇世紀のはじめの段階では、組織と呼べるようなものは政府以外にはほとんどなかった。それが、おそるべき速度で拡大していくことになる。ところが、人々は、組織を運営する能力を欠いていた。思いつくことは、雇った人を「使役」することであるが、そのやり方は組織を運営するために必要な被傭者の知識の発揮を、不可能にするものであった。組織の機能不全は、人々に不安をもたらし、その矛盾の解決を、「社会」に求めるようになった。これが全体主義へとつながっていく。それゆえ、全体主義に対抗するために必要なことは、人々が組織を通じて、仕事をきちんとできるようにすること、つまり、組織のマネジメントの方法を明らかにすることであった。それは、人間を使役するのではなく、人々が創発性を発揮できるように調整し、フィードバックすることである。組織を計画制御によって運営することはできない。なぜならそれは、たちまちのうちに計算量爆発と、非線型性の問題によって足をとられてしまうからである。可能なことは、とりあえずやってみて、結果をきちんと認識し、誤りがあれば、ただちに修正することである。

このフィードバックの回路は、組織全体が外部とのあいだにとり結ぶ必要があるばかりではない。組織の内部で働く人の全員が、自分自身の作動がもたらす結果に対して、誠実に対応し、フィードバック回路を作動させねばならない。これはすなわち、自己欺瞞によって責任逃れをしない、ということである。

組織においてもっとも大切な部分は、外部との接点である現場である。その現場に携わる人々にフィードバックを返すのが、マネジメント（中間管理者）の役割である。そのフィードバックは、現場の人々が自分の状態を正しく把握するために行われるものであり、監視して督励するためのものではない。必要なことは、評価することではない。評価は人をハラスメントにかけ、創発性を失わせる。フィードバックすることと、評価することとの違いを認識することが、大切である。

そして、トップ・マネジメント（経営者）は、マネジメント（中間管理者）にフィードバックを返すとともに、組織全体が何を目指すのかを決定する役割を担う。利益は目標とはなり得ない。利益は、組織の運営を維持できるかどうかを決める条件にすぎない。利益が出る事業は継続可能であり、利益の出ない事業は継続不能である。しかし、その組織が何を目指すべきかについては、利益は何も教えてくれない。それを考えるのがトップ・マネジメントの仕事である。

組織マネジメントの根幹は、マーケティングとイノベーションとである。マーケティングは何かを売りつけるための手管《てくだ》ではない。それでは「販売」である。マーケティングとは、その組織が外部から何を求められているのかを察知し、それに組織の作動を適応させることである。この適応のために、自分自身を常に変えることが、イノベーションの本質である。もしマーケティングとイノベーションとが、完全にできるのであれば、販売は必要がなくなる。[7]

これがドラッカーのマネジメント論の根幹であるが、この方策のすべては、ハラスメントを抑制し、コミュニケーションを円滑にして、人々の創発性を発揮せしめることを目指している。組織は、容易に人々の権威主義的な側面を発揮させ、ハラスメントを蔓延させる傾向を持っている。そのようなことになれば、不安が広がり、人々は硬直し、組織もまた硬直化する。柔軟性を失った組織に創発はなく、それではマーケティングもイノベーションも起きない。それを防ぐことがマネジメントの本質であり、そうしてはじめて仕事は円滑に行われ、全体主義への逃避を防ぐことが可能となるのである。

創発の炎

創発を阻害するものとは何か。それは個人の内面について言えば「自己欺瞞」であり、コミュニケーションの観点から見れば「ハラスメント」である。これらは同じコインの両面の関係になっていると私は考える。

ただし、フィンガレットが自己欺瞞について指摘しているように、これは人間が生きるために必要な、無意識のレベルでの深い論理的判断という機能の一部だ、ということに注意する必要がある。それはハラスメントについても同じであり、それは私たちがコミュニケーションをするために必要な、記号・概念・言語・規則といったものの機能の一部である。

つまり私たちはコミュニケーションを展開して生きている以上、自己欺瞞もハラスメントもまったくなしで済ませることはできない。しかしそれは「必要悪」なのではない。これらは、私たちが生きるために必要とする機能の副作用である。この副作用をできるだけ小さくするように注意することが、創発の阻害を最小限にするために不可欠である。

自己欺瞞とハラスメントとができるだけ生じないようにする態度を貫いていれば、創発は自然に展開する。それは生命のダイナミクスの発露そのものでもある。創発がどこかで展開すれば、それは新しい創発を惹起する力を持つ。そのような創発の連鎖を起こすことができれば、それはハラスメントの連鎖に対抗する力となる。

『バベットの晩餐会』では、ご馳走のもたらす快楽に身を任せぬよう、老姉妹も村人も全力を挙げて自らの感覚を抑え込もうとする。しかし、バベットの芸術的料理の持つ創発の力は、老姉妹の心も村人の心も、そしてたまたま三〇年ぶりにこの村を訪れたレーヴェンイェルム将軍の心をも溶かしてしまう。食卓には天上の空気がもたらされ、外へ出た年老いた村人は子どものように飛んだり跳ねたりして、喜びに満ちた気分になる。村人の一人が、長くいがみ合っていた別の村人の胸をどすんと叩く手荒な友情の表現とともに「この悪党め、あの木材のことではわしをだましおって」と大声で言うと、言われた相手は笑い出し、涙をにじませて「そう、そうだったな。すまん、そう、そのとおりだった」と謝罪する。驚くべき料理と美酒とに陶然となったレーヴェンイェルム将軍は、帰り際に、三〇年前に互いに心惹かれながら離れた老姉妹の一人マチーヌと次のような挨拶をかわす。

「実は、今夜こそわたしは悟ったのです。この美しい世界では、すべてが可能なのだと」
「ええ、おっしゃるとおりです。わたくしどものこの美しい世界では、すべてが可能なのです」
（ディーネセン、同書、六四頁）

バベットの創発の炎は、人々の心に創発の炎を燃やし、「選択したことだけが可能である」という呪縛を消し去り、そこから生じる不安をとり除いたのである。

---

(1)こういった難しさを抱えている学問は脳科学だけではない。たとえば土壌科学はもっと大変である。ほんの一握りの豊かな土には、数十億個の微生物が住んでいる。そのなかには、何種類の微生物がいるのかわからないが、少なくとも千種類ぐらいはいるだろうと言われている。これを培養して分類しようとすると、とてつもない時間がかかるが、土壌細菌を培養して観察すると、続々と新種が見つかるので、分類したところで、何者なのかわからない。それどころか、分類をしているあいだに、土のなかでは微生物の栄枯盛衰がどんどん生じてしまう。つまり、今ここにある土に住んでいる微生物の種類を知ることは、原理的にけっしてできない。

(2)ダマシオ、『生存する脳心と脳と身体の神秘』/安冨歩・本條晴一郎、『ハラスメントは連鎖する』、九八~一〇〇頁。

(3)手塚一志、『心に火をつける kids コーチング 投手編』。

(4)加用文男、『光る泥だんご』。

(5)黒田孝二氏（大日本印刷株式会社）との議論による。
(6)イルゴイエンヌ、『モラル・ハラスメント』『モラル・ハラスメントが人も会社もダメにする』。
(7)Drucker, *Management*.

第六章●「共同体／市場」を超える道

「必然／選択」という偽の対立

ここまでの議論により私は、「失楽園」の神話に起源を持つ「選択の自由」の概念が、近代的思考の枠組を形成するとともに、深刻な思考障害に帰結していることを示した。ここで注目したいのは、失楽園神話が、

「エデンの園／地上」

という対立軸で構成されていることである。「エデンの園」は必然の世界であり、そこから放逐された人間は、「選択の自由」を獲得するとともに、「不安」にさいなまれるようになった。それゆえ、この対立軸は、

「必然／選択」

という対立軸でもある。

この神話の焼き直しである「共同体」神話では、「エデンの園」の焼き直しが「共同体」であり、「地上」の焼き直しが「市場」である。共同体の紐帯と束縛とから離脱することで、近代人には市場的自由が与えられるが、エデンの園を離れたアダムとイブとのように不安に苛まれる、ということになっている。この二番煎じの神話は、

「共同体／市場」

という対立軸で構成されている。

このように「共同体」と「市場」とは裏表の関係になっているが、それはいくつかの変奏を生み出す。「選択の自由」を体現する「市場」は、マルクスの主張したように、全世界を「文明化」するとどめようのない力を持っており、「グローバル化」をもたらす、とされる。そして市場を通じたコミュニケーションの活発化は、共同体の境界を打ち破る「ボーダーレス化」にも帰結する。それゆえ、

「共同体／文明化」

「共同体／グローバル化」

「共同体／ボーダーレス化」

といった対立軸が生み出される。「グローバル化」のかわりに「国際資本」「多国籍企業」などを代入してもよい。

共同体が「幻想の共同体」に拡張される場合には、国家、民族、宗教、伝統、文化、セイフティー・ネットなどが代入される。つまり、

「国家／市場」
「民族／市場」
「宗教／市場」
「伝統／市場」
「文化／市場」
「セイフティー・ネット／市場」

といった具合である。上辺と下辺とを順に入れ替えていけば、社会科学の諸分野で議論されているテーマを網羅することができそうである。これらの対立軸は、その淵源を辿れば、失楽園神話の構成を引き継いでおり、この神話のもたらす呪縛が埋め込まれている。この呪縛をとり上げて検証す

ることなしに、この対立軸に由来する問題に対して、有効な解決策を示すことはできない。自分自身の感じる不安や恐怖の由来を、この対立軸の上に投影して理解しようとしたのが、近代的思惟の主題であった。しかしそれは、「木に縁りて魚を求む」の類であり、自らの生を生きることには結びつかない。

本書のこれまでの議論は、「市場」の支配原理である選択の自由の不条理と、そこから脱出する方途としての「創発」の重要性を主たるテーマとしてきた。本章では角度を変えて、その対立項目である「共同体」を対象として議論を行う。

ここで最初に論じるのは、『論語』の「道」という概念についての、フィンガレットの議論である。フィンガレットは『論語』に「選択」という概念が欠けていることに気づき、「分岐なき道」という概念に到達した。この概念の持つ意義は、いくら強調してもしすぎるということはないだろう。ところが当のフィンガレットが、その解釈の過程で「共同体」という、もう一つの偽の概念に足をとられ、議論を歪めてしまうのである。私は、この議論の歪みを修正し、「道」という概念を、フロムの「積極的自由」という概念に結びつけて理解する方向を提案する。また、学歴や貨幣を貯め込んで、自分の「選択の自由」を拡大しようとする衝動が、呪縛によるものであって合理性を欠いていることも示す。

この章の考察により、市場のもたらす不安から逃れるために、選択の自由の拡大を目指したり、逆に共同体への帰属を願ったりする心性が、この神話の呪縛の結果にすぎないことを示す。実際、今日展開されている経済や社会をめぐる議論の大半は、この偽の対立を鵜呑みにした上で、どちらかを強調するだけであるように私には見える。しかし、必要なことは、自分の不安の根源である自己嫌悪を乗り越え、自分自身に立ち戻ることである。そうすれば私たちの進むべき「道」が私たちの前に創発する。

孔子の「分岐なき道」

フィンガレットは、「選択の自由」という概念そのものに疑問を呈した数少ない研究者の一人である。フィンガレットは『論語』の研究を通じ、「選択」に対して「分岐なき道」という概念に到達した。

フィンガレットの著した『孔子』という書物の第二章は、「分岐なき道」というタイトルを持つ。フィンガレットはこの章で、孔子の思想に「選択」という概念がない、という重大な指摘をする。

フィンガレットはここで「道」という概念を論じる。言うまでもなく「道」は、『論語』の最重要概念の一つである。君子あるいは仁者《じんしや》は、この「道」を知り、それを辿る者である。人間のあり方、人間の生き方の理想状態に言及するのが「道」である。

すでに述べたように、西欧的なステレオタイプの観点に立てば、人が進むべき「道」というようなことを考えると、不可避的に「岐路」というイメージが出てくる。それぞれの道はどこかに通じており、その旅の終着点がどこなのか、それは我が家か港か桃源郷か、はたまた地獄か。人間はその岐路に立ち、「選択」を迫られる。これが自由である。

ところが、『論語』にはそのような比喩は一つもない。『論語』において道は分岐せず、またどこに辿りつくのかもわからない。君子・仁者は、道を辿ってどこかに到達することを目指すのではない。彼らが目指すのは、なんら努力することもなく、おのずから道に従うようになることである。「心の欲する所に従いて矩《のり》を踰《こ》えず（為政第二、四）(1)」。

道そのものが目指すべきものであり、その道が何を目指しているかは問題ではない。そしてその道は、分岐なき一本の道である。道はどこまでも分岐せずつづいている。なすべきことは選択ではなく、その辿るべき道を知ることである。問題は、間違った選択をすることではなく、正しい道から外れることである。道がわからなければ、人は道から外れ、惑うことになる。

倫理的な罰と実用主義的な罰

西欧の倫理的発想では、困った事態が生じるのは、選んだ道が悪かったからである。そしてその結果は、その道を選んだ者の責任である。それゆえ選んだ者には罪があり、良心の呵責が生じ、罪悪感に苛まれる。罪を清算するには罰を受けねばならない。

このように過去の行いに対して罰が下されることは、倫理的な要請である。そうしてはじめて清算が可能となる。逆に、罪を犯したにもかかわらず、罰を受けない者がいるとすれば、それは倫理的に正しくない。その人は罪を帯びたままである。この考え方の背後には、「選択」が前提とされている。フィンガレットは言う。

このような孔子にはけっしてない見方、すなわち、ギリシャ的－ヘブライ的－キリスト教的伝統に特徴的であり、往々にして実用主義と好んで対比される見方では、罰が正当化されるのは、それが過去に起きたことに照らしてふさわしいからであり、たんに罰のもたらす効果によるのではない。罰は、倫理的に責任ある主体によって以前になされた罪行への、適切な倫理的応報である。また悔い改めは、その心理的効果の有無によって適切であったりそうでなかったりするような手段ではない。それは、過去の行いに対する悔い改めである。悔い改めは、人が倫理的に責任を負うべき過去の悪行に対する、倫理的な応答である。罪とは、なされた悪行に従って累積する倫理的（あるいは魂の）負の資産である。

もし罰が純粋に倫理的な経験として与えられ、受け止められるなら、それは倫理的負債への一種の支払いであり、石版を消すことになる。(Fingarette, *Confucius*, pp.26-27)

一方、『論語』のみならず、孔子と同時代の中国の思想家のあいだでは、「倫理的な罪と罰」という考えは欠落していた。たとえば法家は刑罰を重んじるが、それは悪い行いをする者がいたら社会の安寧がおびやかされるので、それを防ぐために罰を与えて反省を迫り、同時に周囲に対して見せしめにする、ということである。罰が下されるのは、将来における悪行を抑制するという「実用的」

な目的のためであり、過去の罪に罰を与えることが倫理的に正しいからではない。これがフィンガレットの言う「実用主義」の意味である。

この違いは重要であるので、もう一度、整理しておこう。西欧の倫理的発想では、

岐路→選択→責任→罪→罰→清算

という連鎖になっている。ここで罰は過去の罪を清算する機能を果たしている。近代日本の法律体系も、このような考え方の上に構成されているが、私たちの日常感覚はこうなっていないので、両者が齟齬《そご》をきたしている。十分に反省しているなら「温情」により「お目こぼし」をするというのは、日本では悪いことではないが、右のような発想に立てば、それでは贖罪《しょくざい》（罪の清算）が済んでいないことになる。本当に反省しているのに厳罰を下されると、「そんな殺生な」ということになる。

これに対して、「実用主義」による刑罰は、罪を犯した者へのフィードバックと、社会全体へのフィードバックを目指している。死罪は個人へのフィードバックにはならないが、その見せしめ効果により社会には強いフィードバックが与えられる。同じ罪を犯したとしても、運がよければ（賄賂やコネが効けば）お目こぼしを受けられて、そうでなければ厳罰に処される。それでは不公平であるが、そこから生じる不満が、社会の安寧に影響しないのであれば、統治する側にとってはどうでもいい、という考え方である。この立場には罰が倫理的に根拠づけられることはない。

孔子が法制と刑罰とによる支配を否定するのも、このような実用主義を念頭に置いている。

之を道《みちび》くに政《まつりごと》を以てし、之を斉《ととの》うるに刑《けい》を以てすれば、民免《たみまぬか》れて恥無し。之を道くに徳を以てし、之を斉うるに礼を以てすれば、恥有りて且つ格《ただ》し。（為政第二、三）

法制や刑罰をもって統治しようとすると、民衆はそういったものに引っかからなければ、何をしてもいいと考え、恥じることがなくなる。徳と礼とによって統治することで、はじめて民衆は自らに恥じないように振る舞い、品格を持つようになる。

これが孔子の「罰」に対する態度である。フィンガレットの言うように、「孔子は、罰の根拠づけとしての、倫理的罪や倫理的責任という概念を欠いており、制裁の使用に何らの人道上の可能性も見ていない」。

孔子の発想に、倫理的罪を清算するための罰という考え方がないのは、そもそも道が分岐しないからである。分岐がなければ選択はなく、それゆえ倫理的責任も倫理的罪もない。かくて倫理的罪を清算する罰などというものはあり得ず、罰は実用主義的な意味しか持たない。孔子が重視するのは罪ではなく、恥である。

倫理的な恥と実用主義的な恥

フィンガレットは、「罪」と「恥」との違いについて次のように述べる。

孔子の恥の概念は純粋に倫理的概念であるが、人の存在の内的な中核である「自我」よりも、伝統的儀礼的に定義された社会的振舞たる「礼」を中心とした倫理を志向している。……究極的に罪は自分自身に対する攻撃であるのに対し、恥は特定の行為や外的なありさまについての概念である。恥は「面子《メンツ》」の問題であり、きまりの悪さであり、社会的な資格の問題である。恥は言う、「汝のやり方を変えよ。汝は名誉・尊厳を失った」。罪は言う、「汝自身を変えよ、汝は汚れている」(Fingarette, *ibid*, p.30)

この箇所のフィンガレットの「恥」に関する議論には混乱がある。論語の恥は「面子(face)」の問題ではない。そもそも「面子」という言葉は論語には出てこない。恥とは「きまりの悪さ」や「社会的な資格」の問題ではない。

憲 恥を問う。子曰く、邦に道有れば、穀す。邦に道無くして穀するは、恥なり。(憲問第一四、一)

「弟子の原憲が恥とは何かを問うた。子曰く、邦に道が行われていれば、仕官する。邦に道が行われていないのに、仕官するのは、恥である」。このときの「恥」は、誰に対しての恥であろうか。それは自分に対して恥じているのではなかろうか。道が行われておらず、気が進まないのに、出世のためや、世間体のためや、俸禄《ほうろく》欲しさに君主に仕えるのは、自分に対する裏切りであり、自己欺瞞である。だから、恥とするのである。ここに面子は何の関係もない。

何か間違った行いをした、ということは、道を外れたということである。そのときせねばならぬことは、自らの不徳を恥じ、行いを改めることである。これは自分がいたらぬ者であることを意味するが、別に穢れたものであることは意味しない。誰かに許しを請う必要などない。自分が改められるかどうか、である。正しい道に戻れるかどうかである。

難しいのは道からの離脱が無意識に起きることである。それゆえ、そのズレが生じていることは、人に教えてもらわねばならない。その言葉を逆上せずに、正しく受けとめられるかどうかが人品を決する。人の言葉を恐れずに受けとめ、恥を感じ、改めることができるなら、その人は君子と呼ばれるにふさわしい。

このような意味での「恥」という概念を、「面子のための恥」と区別するために、前者を「倫理的な恥」、後者を「実用主義的な恥」と呼ぶことにしよう。倫理的な恥は、自ら恥じるものであるが、実用主義的な恥は、人目に自分がどう映っているか、という社会的自我に関する問題である。

二つの恥と二つの罰

それではこの二つの「恥」は、先ほど見た「倫理的な罰」と「実用主義的な罰」という二つの「罰」とは、どのように関係づけられるのだろうか。「倫理的な恥」と「実用主義的な罰」とは、対立関係にあるものの、双方ともフィードバックを前提としている点で共通点がある。恥は自分自身で自分自身にフィードバックするのに対して、罰は外部にいる支配者が鞭によってフィードバックを返してくる。

「実用主義的な恥」と「倫理的な罰」とも、親近性がある。これらはどちらも、自分が汚してしまった面子や、犯してしまった罪を、どうやって濯《そそ》ぐか、という構成になっているからである。フィンガレットが比較したのはこの二つである。両者の違いは汚れている場所が違うだけである。前者は「顔」が汚れており、後者は「魂」が汚れている。

このように考えれば、倫理的な罪と罰というのはやっかいな概念である。己の魂そのものが汚れているという感覚は、人を不安に陥れる。その不安を逃れるべく、誰かに許しを請うことになる。その不安こそがまさにハラスメントの悪魔の餌食《えじき》である。これによって人は、自分を価値がないものと思い、自愛を喪失する。そのかわり、規範に合致したように行動する偽の自我を帯びることになる。こうして権威主義的人格ができあがり、強いものに対してはマゾヒズム的に服従し、弱いものに対してはサディズム的に支配するようになる。

これに比べれば、実用主義的な恥や実用主義的な罰のほうがまだ気楽である。倫理的な恥は、もっとも立派であると私は感じる。

西欧的な個人の位置づけ

ではなぜ西欧のステレオタイプでは道は分岐するのに対して、孔子の道は分岐しないのであろうか。フィンガレットはそれを、世界の単一の秩序に対する孔子の強い信念に由来すると考える。

岐路というイメージはたしかにまったく自然であり、道の心像を多少とも念入りに作り上げたなら、すぐに出てくる要素である。それゆえ、「道」を旅する者への試練としての岐路という比喩を無視することは、本質的にあいまいさがなく、単一の、明確な秩序としての宇宙という思想に対して、きわめて深く傾倒することによってのみ可能である。(Fingarette, *ibid*, p.20)

フィンガレットは、宇宙の単一の秩序たる「道」から外れぬことによって人間の尊厳が得られる、と解釈し、それは人が「礼」に従うことによって実現されると考えている。このように儀礼によって結びつけられた人間の集団が「共同体」である。「恥」とは、その共同体の求める「道」から外れることによって生じる感覚である、という。

私は、フィンガレットのこの解釈もまた、誤りであると感じる。そこには別の西欧風ステレオタイプが作用している。それは「共同体」という概念である。

フィンガレットはその著作の後半で、孔子を伝統的共同体が急速に崩壊した混乱の時代の思想家と捉えた。孔子の思想と実践とは、この混乱を乗り越え、新しい秩序をいかに打ち立てるか、という問題に答えるためのものであった。孔子は、人間性の本質を儀礼性に求め、儀礼という文化の統一によって新しい秩序を実現する、という処方箋を用意したのであり、実際、漢帝国はそのような形で安定を達成した、とフィンガレットは指摘する。

この指摘自体は、それが事実かどうかは別にして、非常に興味深く、説得力がある。ところが、この認識の上で、次のように述べる。

鞭に服従するのでは家畜とかわりがない。しかし、正しく統治する者に忠誠を尽くして奉仕し、そうすることによって人間の共同体に奉仕し、それを自分自身の本心から行うこと、これは自らの共同体の真の市民であることにほかならない。(Fingarette, *ibid*, p.77)

ここでフィンガレットは不用意にも、共同体(community)と市民(citizen)という、きわめて西欧的色彩の濃い概念に依拠して、孔子の議論を解釈している。フィンガレットの論語研究の眼目は、孔子の思想に住み込むことで、西欧的色眼鏡を相対化することであり、実際、「選択」という概念について見事な展開を成し遂げた。しかるに、そのフィンガレット自身が、「共同体」「市民」という西欧的色眼鏡をやすやすと用いていることは、注目に値する。

西欧の文脈では、個人はつねに共同体と対立する形で認識される。自由といえば第一義的に、共同体的制約からの自由である。紐帯といえば、共同体的紐帯である。人間は、いずれかの共同体に帰属するか、それとも純粋の個人としてどこにも帰属せずに孤独に生きるか、のどちらかしかなく、人間は共同体に属していれば安心できるが、そこを離れると不安に苛まれる。市場は共同体の果てるところに成立し、市場の隆盛は共同体を破壊し、個人を自由にするとともに、不安にする、云々。

この問題は、「アイデンティティ」という概念にも波及する。アイデンティティとは、「自分が誰であるか」を示す自己同一性であると言われる。それゆえ、アイデンティティを確立するというのは、個人的な問題であるように思える。ところが、たとえば『オックスフォード新英英辞典』の例文を見ると、「スコットランド人の保守党員としてのアイデンティティ(Scottish Tory identity)」というようなものが挙げられている。これでは結局のところ、「どの共同体に帰属するか」が「個人の自己同一性」を担保するということになる。つまり、アイデンティティとは、どの共同体に帰属しているか、という意味になる。それゆえ共同体から離脱した近代的個人は、アイデンティティの喪失にあえぐことになるという訳だ。

「共同体」というステレオタイプ

この種の「共同体」のステレオタイプにもとづく言説は、耳にタコができるくらい聞かされている。その浸透力は、恐ろしいほどに強力である。この種のステレオタイプは現代日本の言説にも強い呪縛を与えている。たとえば「グローバル化に対抗すべく国民的伝統を守り、美しい国を作るべきだ」という類《たぐい》の言説は、発話者の思考が西欧的ステレオタイプに見事に縛られていることを露呈している。フィンガレットのように徹底的な考察によって、「選択」のステレオタイプを離脱しえた者でさえ、「共同体」に足をとられている。同様の例はいくらでも挙げることができる。ここでその実例を列挙して、読者の耳のタコを増加させることはやめておきたいと思うが、本書が大きく依拠しているフロムの例だけは挙げておかねばならない。

フロムの最初の、そしてもっとも成功した著作である『自由からの逃走』では、それが顕著である。フロムは「人間の社会史は、自然と一つに融合していた状態から抜け出し、周囲の自然や人間たちから分離した存在として自己を自覚するときにはじまる」とする。これは明らかに、聖書の失楽園のイメージである。

フロムは、このイメージを近代以前の「共同体」に安直に持ち込み、個人が共同体に全面的に結びつけられている状態で感じる帰属意識を「第一次的絆」と呼ぶ。それは、「子どもをその母親に、原始共同体の成員をその部族と自然とに、中世人を教会と社会的身分とに結びつける絆」である。(2)

この一次的絆は「自然」の代替物である。そこから離脱することで人間は自由になり、近代人となる。この自由は「〜からの自由」という消極的な自由である。ところが、人間はこの自由が生み出す孤独感に耐えられない。それゆえ、偽装的な二次的な絆を求める衝動に駆られ、ときには消極的な自由を放棄してまでも、そのような擬似的絆を作り出そうとさえする。このような心性こそがファシズムの温床である。この衝動から抜け出さない限り、自由を守ることはできない。

そのためには、「〜への自由」という積極的自由を人間は獲得せねばならない。これは「行為が本能に決定されることからの自由」であり、「選択の自由」を十全に行使しうる自己を確立することである。それによって「すべての人間との積極的連帯と、愛情や仕事という自発的な行為」を実現することで、自由な独立した個人として、世界とつながりを回復することができる。以上がフロムの『自由からの逃走』の標準的な解釈である。(3)

フロム自身の、人間の本質についての透徹した深い思考に対比したとき、このステレオタイプへの服従は驚異である。そもそも、第三章で説明したフロムの議論は、それだけで十分に閉じている。自分自身の情動を裏切るような世界観を押しつけられることにより自我を喪失すれば、人間は自分の情動が信じられなくなる。自分の情動が信じられなくなると、まともな判断を下せなくなり、不安になる。その不安を紛らわそうとする行為は、過剰な労働や過剰な消費の形態を採ることもあれば、偽の連帯を求めた「自由からの逃走」に向かうこともある。

これで議論は十全である。その上にわざわざ、共同体からの離脱による不安というステレオタイプを加えるのは、屋上屋を架することになる。フロムほどの思索者が、この罠にあっさりと落ちるところを見ると、この「共同体」というステレオタイプの力のほどがわかる。

もっと最近の例を一つだけ挙げておこう。ジェラード・デランティというイギリスの社会学者が二〇〇三年に出版した『コミュニティ——グローバル化と社会理論の変容』という書物を紐解いてみればよい。この書物では、「コミュニティ」という概念に関する社会理論について、きわめて広範な調査がなされている。しかしそこに出ている議論で、「コミュニティへの帰属による安心」というストーリーから自由なものはない。

デランティ自身もまた、目もくらむほどの多種多様のコミュニティについての理論を、一貫性を持って比較検討するという長い旅の果てに、「まとめ」のなかで次のように述べる。

近代世界は、自由、個人主義、理性の時代であるが、それだけではない。そこでは、個人が寄る辺ない不安定化する世界の中に置かれるのであり、くつろいだ気分になれる心地よい世界——つまり、コミュニティや、帰属《ビロンギング》、連帯感といったもの——を強く求める時代でもある。

（デランティ、『コミュニティ』、二六〇頁）

このステレオタイプを維持したまま、いくら「共同体」について考えても、答えは出ない。それゆえ、以下のような結論に落ち着かざるを得ない。

コミュニティは、帰属の感覚を提供することによって、寄る辺なさや不安定性の経験に対する中和剤となっているが、その一方で、結局のところグローバリゼーションの力に抗うことができない……それが提示するオルタナティヴは、コミュナルな楽園を基礎にした単なる心地のよ

い幻想にすぎない場合が多い（デランティ、同書、二七二頁）
不安の源泉を、共同体の崩壊に求めるのは誤りである。それゆえ、共同体を再生して不安を逃れようとしても、それが幻想に終わるのはあたりまえである。

自発性が生み出す「道」

さて、以上のように、「共同体」のステレオタイプに依拠したフィンガレットの「道」の唯一性についての議論が成り立たないとすれば、いかにして分岐なき道はありうるのであろうか。フィンガレットの誤りは、人間が孤立してもいず、さりとて従属してもいないとすれば、それは個人の道が共同体の道と合致している場合に限られる、と考えて、孔子の理想とする「道」を両者の一致に求めた点にある。

これに対して、フロムは、個人が自律的でありつつ、かつ、孤立しないでいる状態を「積極的自由」と呼び、その本質を個人の自発性の発露による自己の実現に求めた。

我々は、自由の増大過程が悪循環を形成せず、人が自由でありながら孤独ではなく、批判的でありながら懐疑に満たされず、独立でありながら、人類の一部として統合されている、そのような積極的な答があると信じている。人はこの自由を、自我の実現により、自分自身であるこ

> とにより、達成しうる。では、自我の実現とは何か。……我々は、自我の実現は思考という行為のみではなく、その人の感情と知性との潜在力を、能動的に表現することによって実現される、と信じる。この潜在力は誰にでも備わっており、それが表現される程度に応じて現実のものとなる。言い換えれば、**積極的自由は、統合された全人格の自発的活動のうちに存する。**
>
> (Fromm, *Escape from Freedom*, p.256-257)

つまり、自愛により利己心を乗り越え、自分自身に立ち戻ることにより、自律的でありつつ孤立しない、積極的自由を達成しうる、というのである。フロムはこれを再説し、

> 自発的な活動こそが、人間が自我の統合を犠牲にせず、孤独の恐怖を乗り越える、唯一の道である。なぜなら、自我の自発的実現のなかで人は、改めて自分自身を世界と――つまり人と、自然と、自分自身と――統合するからである。(Fromm, *ibid*, p.259)

と述べる。この箇所の原文の前半は、

> Spontaneous activity is the one way in which man can overcome the terror of aloneness without sacrificing the integrity of his self;

というものであるが、これを別の形で訳せば、「自発的活動こそが唯一の道であり、そこで人は、自我の統合を犠牲にすることなく、孤独の恐怖を乗り越えることができる」となる。分岐なき道とは、自発的活動、すなわち自分自身に立ち戻ることなのである。

この思想は、論語の「忠恕」という概念と共鳴している。「忠」という文字は分解すると「中」と「心」とからできており、それは自分が自分自身の心の中心にいる、という意味である。そこから「まごころ」という日本語に訳されることが多い。

「恕」という文字は「如」と「心」とからできている。これは「心の如し」という意味だと読める。白川静の『字統』によれば、「如」という字は祭器を持って躍る女性の姿を表しており、そこから「恕」は神意を推し量る、という意味になったという。神意がどこからわかるか、というと、自分のなかの「内なる声」に耳を澄ますことで聞こえる、という立場を私は採る。このように考えれば、「忠恕」とは、自分自身に立ち戻ること、と言うことができる。そのような状態になったとき、私たちには自らの進むべき「道」がおのずから見えるのである。

『論語』ではこの道が見えている状態を「知」と言い、それが見えずに道から外れてしまうことを「惑」という。惑うというのは、どうしていいかわからない、ということではなく、正しく振る舞っているつもりであるのに、実際には無意識の誤った作動によって、道から外れてしまうことである。それゆえ自分が惑っていることに気づくことは難しい。往々にして人は、自分の過ちを他人に指摘してもらう必要がある。そうやって指摘を受けたときに、その言葉をしっかりと受け止め、自分の過ちを認識し、自分の振る舞いを恥じ、自分のあり方を改めることが大切である。その過ちを改められないことを、過ちという。過ちを改めることができれば、道に立ち戻ることができる。

道とは、外部から定められるものではない。人が忠恕の状態にあることで、その振る舞いのなかから、自分自身の前に紡ぎ出されていく安定性のことである。このように、学習過程が正しく作動し、道から外れない状態を、「仁」という。

秩序はどこから生まれるか

『論語』は、社会の秩序形成の源泉を、人々の仁と徳とに求める。それは、何らかの規範に従うということではなく、各人が自分自身であることにより、自らの周りのコミュニケーションの質を確保し、その良質のネットワークが社会を安定させ、天下を治まらせる、という考え方である。

仁というのは、誰とでも仲よくすることではない。孔子は、「ただ仁者のみ、能《よ》く人を好み、能く人を悪《にく》む」（里仁第四、三）と言った。自らの感覚を信じて、すばらしい人をすばらしいと思い、悪辣な人を悪辣だと思うこと、これは、つねに自分自身に立ち返ることのできる仁者にのみできることである。

また、誰からでも好かれる人が望ましいのではない。

「その土地の誰からも好かれるというのはどうですか」
「それでは、まだ可とはいえない」
「その土地の誰からも悪まれるというのはどうですか」
「それでは、まだ可とはいえない。その土地の善なる者が好み、不善なる者が悪むのが、より優れている」（子路第一三、二四）

善悪を自ら判断し、はっきりとした態度を示すことができる仁者あるいは君子が、世に多くいることが、秩序の源泉である。

ではその「善」「悪」はどう判断するというのか、その基準は何か。それを『論語』に求めても、何も書いていない。なぜならそれは、各人が自分自身に立ち返って決めることだからである。各人が、自らの進むべき道を知ることができ、惑うことなくその道を勇気を持って歩むことができるかどうか、それがすべてである。

共同体の絆は危険な側面を持つ。そこでは誰とでも仲よくせねばならず、そのためにお互いに同じように行為し、同じように感じる必要がある。

子曰く、君子は和して同ぜず、小人は同じて和せず。（子路第一三、二三）

「同」とはまさに、誰とでも仲よくすることである。これに対して和とは、互いの多様性をぶつけ合いながら、そのなかで調和を作り出すことである。和とは事前に保証されているものではなく、事後的に達成される状態である。同とはそれを、人間の力によらず、「ルール」や「申し合わせ」や「約束」や「空気」によって事前に保証しようという誤った方法である。それは各人に自己欺瞞を強いることで表面的な安定を作り出すが、それは逆に本質的不安定性を生み出すことになる。

このように、自分自身に立ち返り、自発性にもとづいて行動し、それによって自分の周囲のコミュニケーションを統御する者が君子であり仁者である。それこそは、自律性を保ちながら孤立しない生き方であり、フロムの言うところの積極的自由にほかならない。

フロムは、人間存在の本質を、「必然的に存在を維持しようとする力」に求める。そして、この力の必然的論理に従って存在することを「自由」と呼ぶ。この力は、生命のもつ本来的なダイナミクスと考えてもよい。自由とは、自分自身のこのダイナミクスに従って生きることである。

一方、「選択の自由」とは、必然によらず、合理的判断によっていずれかを選ぶ、という意思決定に自由の根拠を求める。ところが、精神分析による無意識の動機の発見により、このような主観的自由意志論は否定された。人間が、自らの生きる力に従って行為するなら、そこに「あれか、これか」という選択は生じない。そういう選択が生じるのは、人格のなかで「葛藤」が生じているからである。このような葛藤は、自分の生きる力と矛盾する何かが埋め込まれていることを示唆しており、このとき、人間は自由とはいえない(4)。

積極的自由を求めて

共同体が、自然的な第一次的紐帯を人々に与えつつ束縛するものであり、そこからの離脱が個人に「選択の自由」を与えるとともに、不安をひき起こす、というステレオタイプ的な近代の認識は、大きな思考上の障害となっている。実際にはそのような共同体が、近代の直前に存在しているとは限らない。たとえば中国文明では、それははるか昔に消えてなくなっていた。

春秋時代は、数千もあった「国」が消滅し、戦国の七雄と呼ばれる少数の帝国に統合されていく時代であった。これは「共同体」が崩壊していく時代であったことを意味している。その時代に出現した思想家である孔子は、フロムが現代において見出したのと同じ「積極的自由」こそが、秩序を生み出しうると主張した。

現代の人類の直面する最大の問題は、際限のない消費の拡大による環境破壊と、想像された共同体をめぐる民族問題とである、と言って間違いではなかろう。前者は「選択の自由」と、後者は「共同体」の幻想と密接に関連している。

この二つの幻想は、各人の自己欺瞞を強化し、浪費と暴力との果てしない拡大をともなう近代文明の急激な膨張をもたらした。しかし明らかに、もはやこの幻想に浸っている余裕はない。人類がこの呪縛にとらわれている限り、地球の生態系は崩壊し、暴力的な調整過程をひき起こしてしまう。次章では、この幻想のもたらす帰結を、改めて直視することにする。

(1)以降、論語の引用は加地伸行訳注『論語』による。

(2)Fromm, *Escape from Freedom*, p.24

(3)「積極的自由」については、政治学者のアイザィア・バーリンによる有名な批判があり、これについて言及しておく必要がある。バーリンは、消極的自由に比べて、積極的自由が悪用されることが多いとして、後者を称揚することの危険性を指摘した。消極的自由の意味はフロムのそれとほぼ一致しているが、積極的自由については大きな違いがある。バーリンは積極的自由を「ひとが自分自身の主人であることに存する自由」と定義し、「わたくしは他人のではなく、自分自身の意思行為の道具でありたいと願う」という（バーリン、『自由論』、三一九〜三二〇頁）。この考えは、フロムとまったく異なっている。なぜなら、自分が「自分自身の主人」であったり、あるいは「自分自身の意思行為の道具」であったりするという表現は、バーリンの言う「自分」が、結局のところ「社会的自我」にすぎないことを示している。フロムの意味の積極的自由においては、自分は自分以外ではありえず、自分の主人になったり、自分の道具になったりすることはない。たしかに、バーリンのような自我を喪失した人物が、このような積極的自由を行使しようとすれば、それが他人をも道具化し、支配する悪辣な政治的行為に帰結する危険性を持つことは間違いなかろう。

(4)出口剛司、『エーリッヒ・フロム』、二七六〜二七七頁／フロム『悪について』、一六七〜一六九頁。

第七章●自己欺瞞の経済的帰結

自己欺瞞のもたらすもの

「選択の自由」という幻想も、「共同体」という幻想も、自分自身を失わせ、積極的自由を破壊するという点では、同じ効果を持つ。もちろん、人間の自己欺瞞がこの二つだけから生じるのではないが、それを正当化し、促進し、誤魔化す上で強い力を発揮する。自分を失った人間は、自動人形と化し、協同現象をひき起こしながら、「死に魅入られた」かのように、「現実的な選択」をくり返しつつ破滅へと向かう。

「選択の自由」や「共同体」が幻想にすぎないことは承知の上で、その幻想を共有することにより、秩序や価値を守るべきだ、という主張もありうるかもしれない。しかし私は、このような戦略は結局のところ自己欺瞞を拡大し、滅亡への協同現象を惹起してしまうものと考える。

本章は、自己欺瞞のもたらす経済的帰結を、これまでの議論にもとづいて理解することを目指す。以降の描写は、目新しいものではなく、これまでに多くの人によりくり返し指摘されてきたことの再説かもしれない。しかし、本書の議論の上に立脚すれば、それが不条理なものでも、あるいは人間に運命づけられたものでもなく、自己欺瞞のもたらす、論理的に一貫した出来事であることが、明らかとなるであろう。

財産・名声・権力

フロムは言う。自我を失った人間は、執拗な不安に、常時苛まれることになる。とりあえず生きていくためには、この不安を何とか紛らわし、自我を支える必要があった。

この潜在する不安の顕在化に対処するために、助けとなる二つの要因があった。まず第一に、財産の所有によって自我を支えることができた。「彼」という人格と、彼の持つ財産とは、不可分である。人間の衣服や家屋は、身体と同等に、その人の自我の一部である。自分が何者でもないと感じれば感じるほど、より多く持つ必要があった。……

もう一つの自我を支える要因は、名声と権力とであった。それらは、部分的には財産の所有の結果であり、部分的には競争分野における成功の直接的結果である。他者に賞賛され、権力を振るい、財産の与える補助を加えて、不安な個人の自我を支えたのである。(Fromm, *Escape from Freedom*, p.120)

すなわち、財産や名声や権力は、自我を喪失した人間の用いる、自我の代替物となるがゆえに、大きな意味を持つのである。

もちろん、財産も名声も権力も、それ自体が悪なのではない。自分自身であることをやめない人は、そんなものを求めて争ったりはしないが、そういう人がたまたま財産や名声や権力を持っていれば、意味のあることができる。自分が何をやりたいのか、何をやりたくないのか、はっきりとわかっていれば、これらは自我を実現する上で、かけがえのない働きをしてくれる。しかし自我を失った人が、そこから生じる不安から目をそむけるために、このようなものを求めると、それは自己欺瞞を拡大する危険な罠に転化する。

フロムの分析は、スミスの『道徳感情論』と、ほぼ一致している。既述のようにスミスは、人間が財産・名声・権力を求めて狂奔するのは利己心のゆえであるが、その利己心の正体は自然的欲求ではなく「虚栄」である、と指摘した。そして次のように述べる。


虚栄はつねに、自分が注目および明確な是認の対象であることについての、われわれの信念にもとづく。富裕な人がかれの財産について誇るのは、その財産が自然に、世間の注目をかれにむけさせること……を、かれが感じているからである。これを考えるとかれの心は、わきたってかれのなかにいっぱいになるようである。そしてかれは、かれの富を、それがかれにもたらす他のすべての利点によってよりも、この理由で愛好するのである。……身分と地位がある人は、世間全体から見守られる。あらゆる人がかれを見ることを渇望し、かれのおかれた境遇が当然にかれのなかにふきこむ、あの歓喜と勝ち誇りとを、少なくとも同感によって、心にえがくことを渇望する。（スミス、『道徳感情論』上巻、一二九〜一三二頁）

注意すべきは、人々が、自分の求めているものを、このような虚栄だとは意識しないようにしていることである。なぜなら、それが虚栄であると認識してしまえば、その裏に隠されている不安が顕在化してしまうからである。たとえ、それが虚栄であると認めたとしても、「仕方のないことだ」と言って、それにフタをする。

自我を喪失した人間は、無意識のうちに自分自身を嫌っている。自分に押しつけられたあるべき自分の像と、自分の実際の姿とが合致しないので、自己嫌悪に陥るからである。その深い自己嫌悪は、自分自身にとってトップ・シークレットである。その秘密に、自分が気づかないようにするためには、自分の価値をつねに他人に認めてもらう必要がある。そのために、懸命に働き、お金を貯め、衣服を整え、結婚し、子どもをもうけ、それなりの趣味を身につけ、社会活動に参加する。こういったことのすべてが虚栄となってしまう。

もちろんこれは、勤勉、倹約、身嗜《みだしな》み、家庭を大切にすること、公益への奉仕、などといった徳目を否定するものではない。それらを、自分自身の生きた感覚から生み出されたものとして行うなら、それはじつに尊敬すべきことである。しかし、社会的自我に追い立てられて、体面を守るために「実用主義的な恥」から幸福の偽装工作として行うなら、それは虚栄であり、自己欺瞞を拡大する危険な行為である。問題は何をするかではなく、どのようにするか、である。人に叱られないためにするなら偽装であり、自発的にするなら徳行である。

「エリート」という呪縛

こういった偽装工作は、それが自分自身への偽装工作である以上、自分で気がつかないように、秘密裏に実行する必要がある。そのときに「選択の自由」という言葉は、じつに有効な働きをする。すなわち、財産を持っていれば、あるいは高い社会的地位を得れば、「選択の自由」が広がる、と自分を説得することができるのである。

たとえば典型的には、よりランクの高いエリート大学への進学を目指す受験生の心性に、もっと正確に言えば、自分の子どもをそのような競争に駆り立てる受験生の親の心性に、それが顕著に表れている。

激しい受験勉強など、誰もやりたくはない。私だってやりたくはなかった。ところが、呪縛にかけられて自我を失った子どもは、もし受験勉強をしないとして、自分がいったい何をやりたいのかが、まったくわからない。実際、私自身がそうであった。中学校二年生のときに、「なぜ進学するのか」という作文を道徳の時間に書かされたが、私はそんなものを書かされるのを非常に不愉快に感じて、「自分で何をしたいかわからないし、皆が受験するから、私も受験するにすぎない」というようなことをぶっきらぼうに書いた。じつに嫌な中学生である。

そういう状態の私に対して、私の親は「よい学校を出れば、将来、何をやりたいと思っても、何でもできるのだ」と説得した。つまり、選択の自由が広がる、というわけである。私もなるほどそれはよい考えだ、と納得した。私の両親はとりたてて変わったことを言う人でなかったから、おそらくは、多くの親がそのようなことを一般に言っているのではないか、と推測する。

それで私はせっせと勉強して進学校に合格し、さらに京都大学に潜り込んだ。大学を卒業して二〇年以上経過した最近になってようやく、「選択肢が広がる」というのが、大きなまやかしであることに気がついた。

なるほど、エリート大学を卒業すれば、立派な会社にエリートとして入社できるので、エリート大学に入らなければ得られなかった選択権が増えたように見える。しかし冷静に考えれば、その肩書きは同時に足枷にもなっている。というのも、そういう肩書きを得てしまうと、その肩書きが通用しないところに踏み込むのが、怖くなるのである。実際、受験勉強などで人生を無駄にしていたのでは、肩書きなしで勝負せねばならない世界を生きるのは難しくなっている。

もちろん、勇気があればそれも可能である。私の友人に子どものときからギター職人に憧れていたにもかかわらず、京大の物理学科を卒業してしまった人がいる。彼は、一流企業の研究職に就いたのであるが、どうしても思いが断ち切れず、会社を辞めてギター職人になった。こういう人も、いないわけではない。だが、この人の場合でも、受験勉強などしないで、最初からギター職人をやっていたほうがよかったかもしれない。

こういった勇気は、しかし、親に騙されて受験勉強を大人しくしてしまうような子どもにはないのが普通である。かくして、自分自身を失い、自分が何をやりたいのかわからなくなった子どもは、よい学校を出て見かけ上の「選択の自由」を拡大しても、実際にはそれを行使することができない。そういう彼らには、エリート大学出専用に用意された「エリートコース」という、狭く虚飾に満ちたルートのみが与えられる。このコースに乗った人生は、見た目の華々しさに反して、中身は空虚である。世のなかというものは、上に行けば上に行くほど、制約が大きい。何か少しでもヘマをすれば「エリート大学出のくせに」と言われる。もちろん、エリートたちは、そのようなことを言われるのだけは我慢できないので、全知全能を傾けて仕事に精を出し、「さすが」と言ってもらえるように頑張る。こうなるとエリート看板の奴隷である。

その上、勇気がないためにこのエリートコースに乗ってしまう人は、このコースから外れると奈落の底に転がり落ちそうな気がして、ますますそこにしがみついてしまう。そうすると、たとえば何か嫌なことをされたときに、それを「嫌だ」と表明することで上司や同僚と軋轢《あつれき》を起こすと、それがもとでそのコースから落ちてしまうような気がして、自分を抑え込んでしまう。エリートコースでは、誰も彼もがこういった恐怖心を抱いており、自分より強いものには媚《こ》びへつらい、弱いものは支配する、という空気があたりまえになっている。それが強烈なハラスメント的世界を作り出してしまう。

また、「結婚」に関しても、恐ろしい罠が待っている。エリート大学出のエリート・ビジネスマンということになると、その人の「商品価値」が上がる。すると、他者とのあいだに、人間同士の自然な心のつながりを作り出す前に、この「商品価値」がちらついてしまう。虚栄にドライブされる人は、この「商品価値」の高さに惹きつけられて、この人に執着して熱心に接近する。本人にしても、相手の「商品価値」が自分につり合っているだろうか、と考えがちである。こういう状態で、自分自身と相手との創発性を開花させるような溢れ出る愛に満ちたつながりを作るには、本人が相当に強い心を持ち、自分自身と相手との欺瞞を嗅ぎ分けねばならない。ところが、そのような強い心が、受験難関大に合格するような手続的計算力と両立することはまれである。こうして虚栄と欺瞞とに満たされた、執着にもとづく「結婚」をしてしまう可能性が高くなる。

自分が嫌いな科目でさえ、人並み外れて高い成績を収められるようでなければ受験難関大には合格しないが、そういうことは、普通の人には不可能であり、多かれ少なかれ、どこかに人格的歪みを持っている必要がある。そういった歪みを持つ人は、創発性に敏感な人にとって気持ちが悪いので、そもそも相手にしてもらえない。その上、右に述べたような事情が重なると、相当の確率で結婚相手も虚栄にとりつかれドライブされた人になってしまう。

以上のような理由から、「よい学校に行けば、選択の自由が広がる」という命題が、まやかしであることはおわかりいただけると思う。こういうルートに足を踏み入れるということは、虚栄に満ちた狭い世界に入ることにほかならない。

世間では、東京大学の先生ともなると、たくさん給料をもらって、皆から尊敬されて、温かい家庭を持ち、ゆったり幸せに暮らしているのだろう、と思われているようである。しかし、実際のところ、著者もふくめた東大教員の給料はエリート・サラリーマンよりははるかに低い。その上、同僚の先生方は、特に幸せそうには見えない。むしろ、口がへの字になっていて、眉間にしわがより、陰鬱な顔をして、自分は誰かに嫌われていないだろうか、誰かが私のことを馬鹿にしているのではないだろうか、いつか誰かに陥れられるのではないか、というような漠然とした不安を抱えている様子の人も少なくない。

もちろん、私はエリートコースだけがひどいところであり、世間のそれ以外のところはひどくない、などということを言っているのではない。たとえば少なくとも、エリートコースは経済的に恵まれており、そういう苦労からは比較的自由になることができる。経済的苦労が並大抵のことではないことも、十分に承知している。私がここで指摘したいことは、エリートコースを生きることの苦痛は、それ以外の世界を生きる苦痛に比べて、けっして少ないわけではない、ということである。エリートコースに入ることで苦悩が軽減するわけではなく、ある面で減少したように見えても、別の面では増加しており、特に「欺瞞」という人間の本源的な苦痛の原因は大幅に増加する。しかも、そのようなコースに入る権利を獲得することは、それ以外の世界に入る権利を放棄することに等しく、けっして選択権が広がるわけではない。よい学校に行けば選択肢の拡大によってやりたいことができるようになる、という説は、根本的に間違っている。

貨幣とは選択権である

貨幣にしがみつき、それをできる限り蓄積する、という行動様式も、まったく同じ作動機構を持つ。貨幣の利点は、それがいつでも欲しいものと交換できる、というところにある。つまり貨幣は「選択権の束」なのである。それが証拠に、各種の貨幣の価値は、それの提供する選択権の広さに依存している。

たとえば、ヨーロッパのEU諸国は、米ドルに対抗するために、自分たちの通貨を統合して、ユーロという貨幣を作り出した。マルクやフランでは、直接的交換可能対象が、ドイツやフランスの生産物・サービスに限られていたのに対して、ユーロは、これら諸国を束ねた、全EU諸国の生産物・サービスに対して選択権を発揮しうるので、選択権は大幅に広くなる。実際、この統合により、ヨーロッパのアメリカに対する通貨的地位は、大きく向上した。

また、中国にはかつて、人民元のほかに外貨兌《だ》換券《かんけん》という紙幣があった。券面には同じ「元」という単位の書かれた二種類の通貨が、同じ中華人民共和国内を流通していたのである。もちろん法律的には、人民元と外貨兌換券とは等価とされていた。

ところがこの両者は額面が同じでも、実際の交換価値は異なっていた。闇レートでは、外貨兌換券一〇〇元が、人民元一五〇元くらいに相当していた。これはなぜかというと、当時の人民元が外貨との交換性がなかったのに対して、外貨兌換券にはそれがあったからである。また、それ以外にも、「友誼商店」や「輸出センター」といった、外国からの輸入品や外国への輸出専門品をとり扱う特殊なデパートがあり、そこで買いものをするには、外貨兌換券が必要であった。つまり、同じ国の通貨でありながら、外貨兌換券の与える「選択の自由」が、人民元よりも大きかったのである。[1]

私が行なった簡単な推計では、各国の輸出品目の多様性を表現する指数（商品エントロピー）が、それぞれの国の通貨価値（購買力平価の逆数）とほぼ相関していることが見てとれる。これは、買える商品の種類が多い通貨ほど、その価値が高いということだ。これらのことから、私は、貨幣の本質は「選択権の束」である、と考えた。[2]

また、マルクスが『資本論』の冒頭の「価値形態論」で指摘したように、この広い選択権は、貨幣というモノの属性ではない。多くの人が貨幣を入手したい、貨幣と交換ならば自分の提供できる商品やサービスをいつでも提供したい、と身構えていることの結果である。

この身構えは、貨幣そのものが何らかの特性を持っているから生じるのではない。人々が貨幣を熱望するのは、貨幣が貨幣だからである。人々が「皆の受けとるものなら受けとる」という単純な戦略を採用しているなら、何らかの理由によってある程度以上の「人気」を博した商品は、それが「人気」がある、という理由によって需要されるようになり、そうして需要されることによって人々はその商品に「人気」がある、とみなすようになる。

つまり、貨幣とは、人々の「需要」という行為が、相互促進的機能を持っていることから、自己組織的に形成される動的な構造である。私はコンピュータのなかに多数のエージェントから構成されるモデルを構築し、彼らが「皆の受けとるものなら受けとる」という単純な戦略を採用すると、そこに貨幣が出現することを示した。たとえばここで、何人かの人がある商品を自分の商品と交換に受けとったとしよう。それをたまたま目撃した人は、ああ、あの商品は皆が受けとるのだな、と思う。するとその人も、その商品を受けとるようになる。それをまた別の人が目撃し、という形で連鎖が起きる。するとその商品が受けとられる頻度が高くなり、その受けとられる頻度が高くなるということによって、受けとられる頻度はさらに高くなる。こうしてその商品は、誰もが喜んで受けとる「貨幣」となる。

このような単純な行動をするエージェントを組み込んだシミュレーション実験によって、交換の媒体たる貨幣が出現しうる、ということは、それが人々の行為の作り出す協同現象の一種にすぎないことを示す。それゆえ、一般的な交換の媒体としての貨幣の生成は、創発ではない。

こうして形成された貨幣は、うつろいやすく不安定である。なぜなら、「皆が受けとるから受けとる」という戦略は、何人の人をもって「皆」と認識するか、という問題が生じるからである。少数の人が需要するだけで「皆が受けとる」と人々が認識すれば貨幣は生成するが、ひとたび貨幣が生成すれば、実際に多くの人が受けとっている場面を目にするので、人々は「皆＝大多数の人」と認識するようになる。つまり貨幣を貨幣として認識する条件が厳しくなる。すると、今度は少数の人がその受けとりを拒否しただけで、「もはや皆が受けとるわけではない」という認識が広がって、貨幣は崩壊してしまう。このようにして貨幣は自成自壊をくり返す性質を持つ。私はこれがインフレーションや信用不安といったやっかいな貨幣的諸現象の一つの根源であると考えているが、それ

は貨幣が創発ではなく、協同現象にすぎないことの帰結である。(3)

蓄財への衝動はどこからくるのか

さて、貨幣の蓄積という行動様式は、この選択権の束を掻き集めることを意味する。貨幣が選択権の束である以上、その蓄積は「選択の自由」を拡大する。貨幣の持つ選択権は、人々が貨幣に対して与えるものであるがゆえに、その貨幣を多く所有することは、人々の羨望や好意を所有することになる。こうして、貨幣の所有によって自我の補強を行い、虚栄を満たす、という浅ましい行為を、選択の自由の確保という立派な行為にすりかえる自己欺瞞が可能となる。

ところが、この行動様式は、受験生と同じ欠点を持っている。自我を喪失し、自分が何を欲しいのか、何をやりたいのかがわからない状態で選択の自由を拡大しても、何の意味もない。それどころか貨幣を貯め込めば貯め込むほど、その選択の自由を失うことが恐ろしくなり、貯め込んだ貨幣を使うことができなくなる。こうして選択の自由を拡大するために貯め込んだ貨幣のために、選択の自由を失うことになる。この状態に陥った人を「守銭奴」という。

現金のみを蓄積して安心しようとしている純粋の守銭奴はそれほど多くないが、現金化可能な金融資産や可処分性の高い財産の蓄積、というところまで範囲を広げると、守銭奴的行動をとる人は、それほど少なくはない。それどころか、何かあったときのために、将来のために、少しでも多く蓄えをという考え方はごく普通であって、そういった備えなしに生活するのは、危険きわまりない。

しかしこのように念のために蓄積する、という行動原理は、いったいどこまで蓄積すれば、いざというときのために十分なのか、という問題を生じる。一〇〇万円貯めれば二〇〇万円ないと不安になり、二〇〇万円貯めれば四〇〇万円ないと不安になり、四〇〇万円貯めれば八〇〇万円ないと不安になる。十分に蓄積して自分の人生はもう大丈夫だと思えば、今度は子どもの人生が心配になり、子どもの人生も大丈夫だと思えば、孫の人生が心配になる。

結局のところ、いくら貯めれば十分なのか、というと、それはその人の不安が消えるところまで、ということになる。しかしいくら貯めても不安は消えない。貯めれば貯めるほど、余裕ができれば余裕ができるほど、気になる範囲も一緒に増えて、心配の種は増加する。貯めるのをやめられるのは、不安が弱まったときであり、それは金額が十分になったからではない。不安が消え去らないなら、貯めるのをやめることはできない。

このように、たんなる貪欲ならずとも、貨幣を蓄積し、選択の自由を拡大しようという欲求は、不安のある限り際限がなくなる。とすればこの行動様式もまた、自分自身に発しているのではないことになる。これは一見したところ、貯蓄に心を奪われて、自分を見失っているように見えるが、因果の順序はおそらく逆である。自分を見失っていない人は、貯蓄に心を奪われたりはしない。自分を見失っていないなら、自分が必要と感じる水準まで貯蓄すれば、もう十分だとわかるはずである。そもそも自分を見失っているがゆえに、貯蓄に心を奪われ、際限のない心配の種を見つけ出すのである。

とすればこのような生活保守的な立場からの蓄積の衝動も、結局のところは選択権の束を集め、貨幣の所有によって自我を補強するという浅ましい行為の合理化であるように思われる。こうして、利己心は、どこまで行っても自己嫌悪を隠蔽するための、他者への支配権の争奪戦を展開することになる。

アダム・スミスの考える虚栄による秩序

人間の利己心の正体が虚栄であると主張したスミスは、この利己心に人々が従うことが社会秩序の根源になる、という議論を展開した。この主張の急所は、人々の利己心の本質である虚栄には最初から他者の目への意識が入っている、という点にある。

利己心の基盤は虚栄であり、虚栄とは人の目に自分が立派に映っているようにと願う心である。人が激しく競争するのが虚栄のためであれば、財産を求めるのも虚栄のためであり、とすれば露骨な略奪によって財産を築いたのでは、虚栄が失われてしまう。こうして自由放任政策を採ろうとも、秩序が保たれる、ということになる。

この論理を単純化して描けば、次のようになる。

自動人形→虚栄→人の目→相互作用→秩序化

最初が自動人形になっているのは、自我を喪失して社会的自我を押しつけられることが、虚栄の源泉だからである。つまりスミスは、人々が虚栄＝利己心に駆り立てられる自動人形となっても、あるいはそうなればこそ秩序が形成される、と主張したことになる。

一方、私は先に述べたように、『貨幣の複雑性』においてコンピュータのなかに、自分の効用を改善しようと努力している自動人形を多数配置し、相互作用させると、彼らのあいだで、貨幣が自成することを証明した。このモデルは、一見したところ、スミスの命題を証明したかのように見える。実際、このモデルの元となったのは、経済学者カール・メンガーの貨幣生成論であるが、メンガーはこの理論が、スミスの市場秩序論の証明になると考えていた。

しかし、私がコンピュータ・シミュレーションによって証明したことは、貨幣は自己組織するとともに、自己崩壊する、ということである。利己的な主体の相互作用は、たしかに、交換を容易にする貨幣という構造を生み出し得るが、ひとたび貨幣が出現すると、その構造の存在を前提として、各主体は効用の拡大を目指す。すると、貨幣の安定性を阻害するような戦略が、有利となってしまい、この模索の果てに、貨幣が崩壊してしまうのである。

このことから私は、自由放任政策は、それ自身では秩序は生み出せない、たとえ生み出したとしても、それはつねに崩壊の契機をはらんでしまう、と考えた。これは、自動人形の相互作用によっては、真の秩序は生じないことを意味している。そこに見られるのは、あくまでも上昇と下降とをくり返すバブルであり、長期的に見れば暴走である。

すなわち、スミスのごとく虚栄に基盤を置くのであれば、

自動人形→虚栄→人の目→相互作用→暴走

というのが関の山ということになる。このような自動人形のひき起こす協同現象が、どのようなダイナミクスを見せるのか、という問題の研究は、生きるための経済学の重要な支柱となる。(4)

依存症としての経済活動

自我を喪失し、社会的自我によって乗っとられた人は、自己嫌悪に陥る。なぜなら、自分の真の姿が、社会的自我の要求に合致していないため、それが価値のないものに思えるからである。

その自己嫌悪という自分にとってのトップ・シークレットを自分自身から隠蔽するためには、自己欺瞞によって自分自身を誤魔化す必要がある。アルコールなどへの依存症は、この誤魔化しの必要から生じる。依存症は、アルコールなどの薬物に対してのみ生じるのではない。それ以外にも、その人の活動の多くの部分が依存症の様相を呈するようになる。アルコール依存症になってアルコールを飲むことに意味がないように、たとえば仕事の依存症になって仕事をするのは、意味がない。

特に意味のない活動の代表は、激しい労働と激しい消費との組み合わせである。これはどちらも、自分のなかの本来の問題から逃避し、不安から顔を背けるのに非常に役に立つ。その上、激しい労

働による生産物を激しい消費によって蕩尽《とうじん》することで、収支を合わせるとともに、「消費するために労働している」という理由づけによって自己欺瞞を強化できる。

毎日激しく労働し、仕事に追い立てられていれば、それ以外のことはどうでもよくなり、頭のなかは仕事のことで一杯になる。しかもその仕事は、できるだけ無内容であることが望ましい。たとえばそれが、本当に美しいものや意味のあるものを作り出す仕事であったりすると、具合が悪い。なぜなら、美しいもの、意味のあるものを作り出すには、創発を必要とするからである。

創発が起きるためには、そこに創発を阻害する要因があってはならない。創発を阻害する要因とは、自己欺瞞である。自分のなかと自分の周囲から欺瞞を除去するには、自分自身の本当の姿と向き合う必要がある。ところが、そんなことをすると、自分が自分に対して行なった裏切りが暴露されてしまう。これでは、何のために激しい労働をしているのかわからない。

自己嫌悪とそこからくる不安に気づいてしまわないために有用なのは、創発的計算に依存しない仕事である。手続的計算のみで実行できる仕事は、それに没頭すれば自分を忘れることができる。客観的根拠にもとづき、客観的手続で構成され、客観的に結果が評価しうる仕事がもっとも望ましい。この仕事をわき目も振らず実現するためには、自我をますます眠らせて、社会的自我を研ぎ澄ます必要がある。

あるいは、相場をはるようなリスクの大きい仕事も好都合である。株式・為替・穀物・石油・貴金属の相場などを仕事として行えば、毎日、賭博をしているのと同種の緊張感を味わうことができる。あるいは、新しいビジネスを危険を冒して立ち上げるというのも悪くない。大きなリスクを負って、ハラハラドキドキしていれば、自分に向き合う心配は一切なくなる。

激しい労働を可能にするのは、仕事をしていないと不安になる、という精神状態である。そうすれば仕事をするために仕事をする、という自己目的化が成立する。このような状態は、仕事依存症（ワーカホリック）であると言ってよかろう。

仕事依存症とアルコール依存症

この問題について考えているときに、ハタと気づいて愕然《がくぜん》としたのであるが、何を隠そう、私自身が明らかに仕事依存症である。論文を書いたり、こうやって本を書いたり、誰かと議論したり、というのが私の主たる仕事であるが、これはいくらやっても疲れない。正確に言えば、本当は非常に疲れているのだが、疲れたことに気づかない。私はいつも肩こりや腰痛に悩まされているが、それはこうやって全身ガチガチにしながら、猛烈に仕事をするからに違いない。ところが研究に没頭している限り、それがまったく気にならない。

この状態に一度入ると、いつまでものめり込んだまま出てこなくなり、周囲の音すらほとんど聞こえてこなくなる。こうなっているときは非常に楽しく感じている。しかし冷静に考えれば、「楽しい」というのはおそらく錯覚であり、「不安を感じなくなってホッとしている」というのが正しいのではないかと思われる。というのも、研究に没頭できないでいると、不安になり、精神状態が悪くなり、挙句の果てに奇声を発したりなどの奇矯な振る舞いに及ぶことがあるからである。

これは明らかに、依存症の症状である。久里浜式アルコール依存症スクリーニング・テストのいくつかの項目の、「酒」というところを「研究」にして多少の改変を加えると、以下のようになるが、どう見ても私はこれらにすべて該当している。


研究が原因で、大切な人（家族や友人）との人間関係にひびが入ったことがある。

せめて今日だけは研究するまいと思ってもつい研究してしまうことが多い。

周囲の人（家族や友人上司など）から「研究のやりすぎだ」と言われたことがある。

少しだけ研究をしようと思っても、つい深夜まで研究をしてしまう。

研究に没頭しているあいだに起きたことが、ところどころ思い出せない。

休日にはほとんどいつも朝から研究をしている。

研究に没頭して会議をさぼったり、大事な約束を守らなかったりしたことがときどきある。

研究ができないでいると、いらいらや不眠など苦しいことがある。

研究について議論していると、いつも攻撃的になる。


一四項目ある久里浜式テストのうち、この九項目に該当すれば、他の五項目をすべて「該当せず」にしても、一七・〇点という高得点になる。このテストは二・〇点以上で「きわめて問題が多い（重篤問題飲酒群)」と判定されるので、この得点は立派なアルコール依存症であることを示す。ということは、私はまぎれもなく、重篤な研究依存症であると考えるべきであろう。

この依存症の恐ろしいところは、アルコール依存症であれば「病気」というレッテルを貼られて、周囲から叱責《しっせき》されたり治療を勧められたりするのに対して、研究依存症になると、周囲から褒められ、感心され、尊敬され、業績が増えて出世することである。これでは、自分がおかしいことに気づくのは不可能に近い。

才能という悲惨

こういう依存症の人間を、「集中力が高い」とか、「才能がある」とか言って高く評価するのは、危険なことである。それは何よりも、当人にとってよくない。また、そういう人を指導的地位に就けるというのは、アルコール依存症の人を指導的地位に就けるのと同じ危険性がある。

もちろんそれは、研究に限ったことではない。いかなる仕事にせよ、依存症になっているということは、自我を失っているということである。そういう人を高く評価し、そういう人を模範として基準を設定するなら、それは全員に依存症になることを強要していることになる。これでどうかならないのは、元々どうかしている依存症の人だけである。

この観点からすれば、アルコール依存症の人は、仕事依存症の人よりもまだ社会的迷惑が少ないかもしれない。というのも、仕事依存症になる人は、自己欺瞞を貫徹することのできる人である。

そこに浸りきることで、周囲に自分の仕事を手伝わせて、巻き込んでいることができる。これに対してアルコール依存症になる人は、自己欺瞞を貫徹できなかった人である。自分が欺瞞をしているということに気づくからこそ、それに気づかないようにアルコールに依存する。アルコール依存症になる人は、気が弱くてまじめな人が多いという。こういった人はハラスメントを受けやすい人であるが、仕事依存症になるようなハラスメントをしやすい人よりは安全なこともある。アルコール依存症は自傷行為であるが、仕事依存症は往々にして他人に危害を加える。

注意すべきは、私は、一般的な仕事依存症のスクリーニング・テストにはあまり該当せず、「一応大丈夫だが要注意」という程度の判定を受けるという点である。現在の仕事依存症の一般的な判定基準は、まじめにコツコツやっている要領のよくないサラリーマンが主として引っかかるように見える。その一方で、世間では「才能豊か」と思われて成功し、伸び伸びと活躍していると周囲も本人も思い込んでいる、本当に深刻な仕事依存症患者を「正常」と判定するようにできている。

なお、仕事に没頭することそれ自体が悪なのではない、という点に特に注意してほしい。仕事への没頭が、自分自身や自分の大切な人を傷つけるのであれば、それは意味がないし、やらないほうがよい。しかし、自分自身の全体性を失うことなく、仕事を精力的に進められるなら、それはじつに見上げたことである。そういう人が社会のいろいろなところで、自分のやるべき仕事をきちんとやっているからこそ、世の中はなんとか回っているのである。自己実現としての仕事ほど人間にとって大切なものはなく、その上での勤勉はまぎれもない美徳である。同じように、自己嫌悪に起因する無力感に打ちのめされた怠惰は、深刻な悪徳である。

また、ここで「自分の大切な人」という概念を問題にしておく必要がある。「自分の大切な人」とは誰か。久里浜式スクリーニング・テストでは、「自分の大切な人（家族や友人）」となっている。たしかにその候補として、親、配偶者、子ども、友人といったところがすぐに思い浮かぶが、それが本当に大切な人かどうかは、よく考える必要がある。

なぜなら、家族や友人に、悪辣なハラスメントを仕かけられる、ということは本当によくあることだからである。少なくとも私の症状は、家族から受けたハラスメントが原因であり、それを自分自身から隠蔽するために、研究依存症になったと思われる。

家族や友人が自分を苦しめる真犯人である場合、その人の機嫌を損ねたからといって、自分がおかしいと落ち込んだのでは、ますますひどくハラスメントにかかってしまう。本当の意味で、自分を愛して、大切に思ってくれる人は誰か。知らないあいだに、そういう人を傷つけてはいないか。この問いに正しく答えなければ、依存症からの脱出はできない。そのためには、自我をとり戻すしかないが、それは簡単なことではない。なぜなら、私のような人間は、自我を喪失したがゆえに、依存症になったからである。

消費へのドライブ

さて、仕事の自己目的化は、それだけでは不完全である。というのも、意味もなく仕事をしていたのでは、さすがに自分でも、何かおかしいと気づいてしまうからである。これを隠蔽する上でもっとも有効な方法は、消費もまた自己目的化させることである。消費が自己目的化して爆発的に増えれば、激しく消費するために激しく労働しているのだ、と自分を説得することが可能になる。

消費には本来、限度がある。自分の身体の欲求は、それほど多くはない。すでに引用したように、スミスは、「自然の諸必要」は人間の支出のごくわずかの部分しか占めていないと指摘した。自我を喪失した人の消費の目的は、「安楽または喜び」の達成ではない。それではあまりにも少なすぎる。

消費の自己目的化は、この限界を簡単に突破する。仕事依存症の観点からすれば、余暇などというものは本来危険なものである。余暇があると、自分自身を振り返ることが可能になるからである。それゆえ、仕事の時間以外は、「暇つぶし」をする必要がある。

友人と連れ立って、あるいは一人ででも、アルコールを摂取しに行く。流行っている映画に行く。家族を連れてテーマパークに行って楽しむフリをする。有名なレストランに行って、そこで食べたものを「おいしい」と思い込む。海外旅行に行ってそこで経験したことを「楽しかった」と思い込む。パチンコや競輪競馬などの公認ギャンブルをして手に汗を握る。あるいは安全が確保できるのであれば、風俗産業に行く、買春をする、というようなことまでする。家に居ても、漫画を読む、本を読む、テレビを見る、音楽を聴く、四六時中何かを口に放り込む、インターネットにかじりつく、といったことで時間をつぶす。

消費を自己目的化するということは、消費依存症になることである。自動車・携帯電話・インターネット・ファッション・ダイエット食品などはその典型である。それなしでは生きていけない、という気分になることがその症状の特徴であり、消費者の多くがそうなったときにはじめて、その業種は産業として安定するのではなかろうか。今日では、企業活動の主たる目的は、消費者を自社の商品やサービスの依存症にすることであると言うこともできる。ヒット商品というのは、そういう自己目的化を実現することで、爆発的成功を収めるのではなかろうか。

単一の商品では依存症を維持することは難しい。というのも、本当に欲しいものでない限り、人間はすぐに飽きるからである。そこで消費を自己目的化するためには、ラインナップを豊富にし、それを頻繁に入れ替えることが必要である。これこそが消費者の選択肢を増やし、消費者の「選択の自由」を拡大している、として賞賛される。

選択肢の拡大がもたらす力は、すさまじいものがある。かつては八百屋にしても魚屋にしても、本屋にしても、何屋にしても、売っている商品の種類は限られていた。それではすぐに飽きがくるので、次から次へと消費する意欲は湧かなかった。

現在ではスーパーマーケットや各種の大型専門店で販売している商品の種類たるや、眩暈《めまい》がするほどである。それでも私たちは(私自身を含めて)、満足できなくなっている。

こういった大量のラインナップを維持し、それを頻繁に入れ替えるためには、大量の商品を捨てなければならない。たとえば菓子パンが一種類しかない場合と、一〇種類ある場合とを比較してみよう。他の条件が等しければ、一〇種類の商品のいずれもが品切れにならないように維持するには、一種類の場合よりも廃棄される率はずっと高くなる。その上さらに、その一〇種類を、頻繁に入れ替えていくとなると、損耗率はさらに上がる。そもそも、たくさんのラインナップを生産し、運んできて、ならべているだけで、多くの資源を消費する。それを頻繁にモデルチェンジするには、さらにコストが大きくなる。こういった食糧を冷蔵庫にたくわえた挙句に捨ててしまうことも多い。平成八(一九九六)年に厚生省の行なった推計によると、日本では約二〇〇〇万トンもの食糧が一年で捨てられたが、これは輸入総トン数の三分の一にも相当するという。

また、それらは欲しいときにただちに入手できる必要がある。そうでなければ、待っているあいだに欲しくなくなってしまう恐れがある。そこで欲しいものが欲しいときに手に入るように、さまざまな方法が開発されてきた。二四時間営業のコンビニエンス・ストアやレストランが増えた。インターネットで注文し、宅配便で受けとるというシステムは、この意味で大変なイノベーションであった。

消費を継続的に拡大するためには、消費者が何かを「欲しい」と思い込む必要がある。その役割を担うのが広告である。日本の広告業界は六兆円規模の巨大産業となっている。これだけの資金が、消費者の欲望を刺激するために使われている。

広告費は、テレビ・新聞・雑誌といったマスメディアの重要な収入源となっており、そのために広告がメディアの性格に強い影響を与えている。広告主に不利な報道ができないため、言論には強い制約がかけられることになる。こうしてますます、依存症になっていない人がおかしいのであって、依存症が普通だ、という認識が広まることになる。

「家庭」と「共同体」

仕事・消費依存症による自己嫌悪の隠蔽という手法の欠点は、誰もがそれによって不安を紛らわすことができるわけではない、という点にある。正しく仕事依存症になれる人は、経済的にも社会的にも成功し、高い地位を得て、人々に敬意を払ってもらえるようになる上に、そこから得られる高い所得を用いて、安全に消費依存症になることができる。

しかし、財産・名声・権力というものは、誰もが手に入れられるものではない。激しい競争が展開されて、多くの人は敗者となる。そういった人々はどうやって、失われた自我の穴埋めをすればよいというのか。この点についてフロムは、先に引用した文章に続けて次のように言っている。

ろくに財産も社会的威信も持たない男にとっては、家庭が自分の威信の源泉であった。そこでは個人が、「何者か」であると感じることができた。妻と子どもとを服従させ、舞台の中央を占め、愚かにも自分の役割を自然な権利だと受けとった。社会関係においては何者でもないとしても、家庭では王様であった。家庭以外には、国家的な誇り（ヨーロッパではしばしば階級的な誇り）もまた、自分が大物であるという感覚を与えた。彼個人が何者でもなくとも、他の対抗集団よりも優れた集団に自分が属しているということに、誇りを感じた。（Fromm, *Escape from Freedom*, p.121）

このように、財産・名声・権力をめぐる競争の敗者にとっては、家庭と国家や階級といった「想像の共同体」とが、自我を補填する役割を果たす。自我を喪失した人物がその補填をする場として、家庭が使われるなら、そこはハラスメントの蔓延する、危険な場所となる。

家庭の危険性は、近年、恐ろしい家庭内殺人事件が頻繁に起こったことで、ますます明らかになっている。平成一八（二〇〇六）年度の『犯罪白書』（五‐一‐四‐一図）によれば、一七年度の殺人事件のうち、じつに四四・二パーセントが「親族等」を加害者とするものに分類されている。ドメスティック・バイオレンスが多くの家庭に蔓延していることも明らかとなった。モラル・ハラスメントという、直接的暴力を行使しない精神的手法による暴行も、高い危険性を持つことが明らかとなっており、この見えにくい隠れた暴力を加えるなら、どのくらい安全な家庭があるのか心配になってくる。

フロムは、「父権制社会＝悪」「母権制社会＝善」という単純な枠組みを採用しているフシがあり、また実際、一九四一年当時では、男性の威信が今よりも高かったので、「妻と子どもとを服従させ」と、男性のみが家庭の支配者となるかのように書いている。しかし、それはこの時点でも事実に反していたように思われる。見かけ上は男性を中心にしているようでも、実際には女性が「女王様」として君臨し、夫や子どもにハラスメントを仕かけているケースは、珍しくもなんともない。

平成一九年度版の『警察白書』によれば、平成一八年度の自殺者は、総数三万二一五五人であり、そのうち男性が二万二八一三人、女性が九三四二人であった。男性は女性の二・四四倍も自殺している。年齢別に見ると、自殺者の男女比率は、二〇代は二・〇八倍、三〇代は二・五七倍、四〇代は三・四八倍、五〇代は三・四九倍となっている。

この傾向の原因を、男性への社会的プレッシャーに求める説明が多いが、私はそれに疑問を抱いている。家出人の性比を見ると、男性五万六八八九人に対して、女性は三万二七九九人であり、男性は女性の一・七三倍も家出している。若年層では女性のほうが多いというので、家族持ちでは男性のほうがずっと多く家出しているはずである。また、ホームレスも男性が女性よりもはるかに多いことが知られている。

父権制社会では、家というのは女の場所であり、男は外で働く、という構図になっている。そうすると、実際に家を支配しやすいのは、男性ではなく女性である。自分の家庭を配偶者に支配されてモラル・ハラスメントを受けている男性が、家の外で何らかのハラスメントを受ければ、ハラスメントの挟み撃ちにあうことになる。これはとても苦しいことであり、絶望して自殺したり家出したりするのは、まことに理にかなっていると私には思える。

「自殺」という歪んだ救い

私はかつて、配偶者からモラル・ハラスメントを受け、鉛色の空の下で十二年間も暮らした。私は、研究依存症に陥ることで、そこから生じる不安を忘れ、さらにその依存症の成果によって、学者としての地位を確保し、それによって職場と学界とにおける自分の立場を強化した。これはつまり、こういった場面で攻撃的になることで自分を守ったのであるから、職場ハラスメントをする側にまわっていたことを意味する。「意味する」というのはもちろん、そんな「つもり」が私になかったからである。

家庭でハラスメントを受けているだけで、当時の私はいつも自殺を考えており、「自殺、自殺」とよく独り言をつぶやいていた。どうしても我慢ができなくなればその手があると思うことで、かろうじて我慢していたのである。それゆえ、ベストセラーとなった『完全自殺マニュアル』を読んで非常に共感した。著者の鶴見済は私と同世代で、ブログによれば、東京大学文学部社会学科を卒業し、リタリンなどの抗精神薬の投薬を受け、挙句の果てに覚醒剤にも手を出して逮捕されている。いつでも死ねると思うことではじめて生きることができる、というこの本の主張は、「自殺、自殺」とつぶやいて辛うじて生きていた当時の私の姿と一致している。

もしもあのとき、私がもう少し人間らしい人間であり、仕事依存症になって業績を積み上げることができず、家庭ばかりではなく職場でもハラスメントを受ける側に回っていれば、この完全マニュアルを活用して本当に自殺したのではないか、と感じている。そうなれば私の親や配偶者や同僚は、「自殺するような素振りはまったくなく、理由にも心当たりがない」と言って嘆いてみせたことであろう。私のかつての同僚で自殺した人がいたが、その人の家族も同僚も、たしかにそう言っていた。

「子どものためを思って」

さて、話を元に戻そう。フロムの指摘するように、財産・名声・権力をめぐる虚栄の闘争に敗れた者にとって、家庭が最後の「セイフティー・ネット」になっている。そこを支配するのは、男かもしれないし、女かもしれない。男であれ、女であれ、そこで主導権を獲得した者は、配偶者や子どもを屈従させることで、失われた自我の代替品を獲得しうる。

では、その家庭でハラスメントを受ける子どもは、いったい、どうすればよいのであろうか。子どもができることと言えば、自分より弱い子どもをいじめることくらいである。結局のところ、大人の世界と子どもの世界とを全体として見れば、ハラスメントの収支は子ども側が巨大な赤字を出している。

これはすなわち子どもたちが、自我を失った大人たちのくり広げる依存症的競争の、最後の受け皿になっていることを意味する。私たちの社会は子どもたちに、大人の負った傷を誤魔化すためのなぶりものになる役割を背負わせている。子どもたちは、大人によって「教育」「しつけ」という名目で、身体的あるいは精神的なハラスメントを受け、傷つけられる。

この攻撃もまた、意識的に行われるのではない。意識の上で親は、「子どものためを思って」しつけをする。子どもの哀しみや喜びにいちいちおつき合いすると、子どもを甘やかし、スポイルすることになり、大人になったときに社会に適応できないのではないか、と考えて、あえて厳しく接している「つもり」である。

親は、子どもに野心を持たせ、競争に勝てる、社会に従順な人間に育てたいと考え、本来の自分を捨てさせる。そのかわりに見せかけだけの「正常」な行為を行う装置を組み込み、それが「自分」を構成するように仕向ける。こうして本来の自分は「自分のなかの他人」となる。これがアルノ・グリューンの言う、「自分に対する裏切り」である[(5)]。

しかし、実際には、「子どものためを思って」という親の言葉は、合理化にすぎない。無意識の作動は、自分が子どものときに与えられなかった愛を、けっして自分の子どもに与えないようにし、そのかわりに、自分が子どものときに受けたひどい仕打ちを、愛情の表現だと称して与えている。

読者はすでにお気づきだと思うが、これこそは私が子どものときに受けたことであり、そして、私が二人の子どもにしたことである。自分自身が配偶者からハラスメントを受けていることに気づき、そこから抜け出すまで、私は、自分の親にされたのと同じことを、子どもたちに仕かけていた。私は卑怯にも、配偶者による子どもへのハラスメントの共犯者になることで、自分の苦しみを軽減していた。これは、私の人生の最大の汚点である。

大人が子どもの魂を、このように踏みつけ、枠を押しつけることにより、子どもたちもまた、自我を喪失し、不安に襲われるようになる。彼らが大人になったときには、親と同じように自我を喪失した人間となる。こうしてハラスメントが連鎖し、虚栄をめぐる競争が再生産される。子どもたちに、肉体的・精神的暴力を振るわないこと。これこそが人類が正気の社会を構築するためにもっ

とも大切なことだと、グリューンやミラーは主張している。(6)

もちろん、大人が子どもに与えるすべての行為がハラスメントなのではない。子どもは一人では生きられず、大人の庇護《ひご》が不可欠である。その庇護を道具にして子どもを支配するのではなく、子ども自身の生命のダイナミクスが、そのままに成長できるように、見守り、支えることこそ、大人のなすべきことである。子どもが困難に直面し、苦しむときに、それを乗り越える道を見出すために必要な知識や手段を提示し、その習得を援助することを「教育」というならば、それは本当に意味のあることである。

ナショナリズム・宗教紛争の隠された源泉

本章の最後に、フロムの指摘したもう一つの「セイフティー・ネット」について、簡単に触れておこう。それは、国家や階級、さらには宗教や民族などの集団への帰属意識により、自我を補強するという方法である。言うまでもないが、現代世界においても、これが各種の紛争の基本的な原因となっている。

この問題については、数限りない論文や本が書かれており、そこでの議論は錯綜に錯綜を重ねている。この種の帰属意識が基盤となって生じる各種の紛争について、詳細な議論を展開することは本章ではできないが、一つだけ、指摘しておくべきことがある。なぜナショナリズムや宗教をめぐる人々の憎悪がこれほどまでに強いのか、その原因をナショナリズムや宗教そのものに求めても仕方がない、ということである。

たとえば仏教について考えてみよう。仏教徒は、その不殺生の教義により、往々にして非暴力的である。最近の世界の宗教紛争を見ても、仏教が大きな紛争を起こし、暴力の主体となっているケースはまれである。しかしそのようなケースがないわけではない。日本史上、古代後期から中世前期にかけて、京都周辺の有力寺社は多数の僧兵を抱えており、最強の武力集団を形成していた。中世末期には、浄土真宗や日蓮宗といった新興仏教に率いられた信徒が、強力な武装集団を形成し、守護大名を倒して自律的な支配を展開するほどであった。特に一向宗は大量の鉄砲によって武装し、織田信長の全国統一上の最大の難敵となった。そもそも、当時の日本の武士は、世界でも稀に見る暴力集団であったが、そのほとんどは仏教徒であった。こういった仏教徒の暴力の原因を、その教義の分析から導出することは難しい。

ということは、ナショナリズムや宗教は、紛争を形式化する上で大きな役割を果たしているだけであって、その紛争のエネルギーそのものは、別のルートから供給されている可能性がある。フランス植民地のマルチニック諸島に生まれ、フランスで精神科医となり、アルジェリア独立戦争に参加したフランツ・ファノンは、暴力についての考察のなかで、支配される者同士の激しい暴力は、その源泉が支配者から加えられる暴力にある、と指摘した。つまり、支配者が被支配者に暴力を振るうと、呪縛にかけられている被支配者は、その暴力を仕方のないものと思い、それによる痛みと怒りとを支配者に向けることなく抑え込む。そして抑え込まれた痛みと怒りは、マグマのように噴出し、被支配者たる同胞に向けられる。その暴力は果てしない報復を生み、同胞同士の血塗られたやりとりがくり広げられる(7)。

この場合、被支配者同士の暴力の原因は、支配者による暴力である。しかし、被支配者同士の紛争にのみ注目し、支配者との関係を隠蔽すると、そのエネルギーの源泉を見ることができない。つまり、ナショナリズムや宗教をめぐって二つの集団が争っているときに、その集団の争いのみに注目したのでは、そのエネルギーの源泉を見誤る可能性がある。

たとえば、インド亜大陸におけるヒンドゥー教徒とイスラム教徒との果てしない軋轢《あつれき》は、数え切れない人の命を奪ったが、その原因は明らかに、イギリスによる分割統治にある。イギリスは植民地支配を円滑にするために、ヒンドゥー教徒に対してイスラム教徒を優遇し、両者のあいだに憎悪が生じるように誘導した(8)。インドとパキスタンとの独立後は、イギリスからの直接の暴力は解消しているが、特に文化的な影響は大きく、それが被支配者の劣等感を継続的に発生させている。これが植民地支配の精神的な傷を継続的に再生産し、暴力の源泉となっている可能性はないだろうか。

もちろん、逆に、宗教が見えない原因を作り出し、それがナショナリズムなどの別の紛争の原因を生み出している場合もあるだろう。ミラーは、プロテスタント的な禁欲思想にもとづいたシュレーバー教育という暴力的な教育理論が一九世紀末から二〇世紀初頭にドイツで流行し、これによって子どもたちに激しい暴力が加えられ、そこから生じる恐怖と不安とが、一九三〇年代にナチスを生み出した原因ではないか、と主張している。もしこの解釈が正しいのであれば、ナチスをめぐる大人同士の社会的関係だけを見ていたのでは、そのエネルギーの源泉を理解できないことになる。ナチスの台頭より二、三〇年前の、大人と子どもとの関係を視野に入れねばならない。(9)

すでに述べたように、『論語』のいう「君子」「仁者」の行動の基盤は、境界を持つ共同体の規範ではない。そういった「法」による支配は、孔子の拒絶したところである。君子・仁者は、自らに「忠」であることにより、創発的で「礼」にかなったコミュニケーションを実現し、そこから生じる徳の力で、自らの周囲に秩序を作り出す。この戦略は、開放的で重層的なネットワークによって構成される「天下」に、徳と礼によって泰平をもたらそうとするものである。これは、境界のある共同体を、正しい規律と管理とによって安定させる戦略と、対照的である。

この戦略によって秩序を形成するためには、自我を確立した君子が遍在する必要がある。そのためには、子どもたちの魂を、大人が見守り、子ども一人ひとりの持つ情動を否定せず、それを成長させていく手助けをする必要がある。もちろんこれは大人が、本来の自我を喪失し、他者の要請にもとづく社会的自我に追われ、虚栄を求めて奔走しながらできることではない。自分の感じている不安に根拠がないことを自覚し、自己欺瞞から抜け出す努力をしてはじめて可能になることである。

自己増殖する経済システムの正体

人々が不安から逃れるために仕事と消費との依存症になれば、経済の規模はますます拡大する。それは、エネルギーや資源の浪費につながり、急激にエントロピーを拡大させる。こうして生じたエントロピーは、ある範囲までは、水と水蒸気との循環によって宇宙に放出される。しかし、現代の経済が放出するエントロピーは莫大であり、この放出の範囲を超過している。

開放系は、エントロピーを外部に捨てることで、内部のエントロピーを一定水準に保ち、秩序を再生産することができる。これが非平衡開放系における動的構造が維持される理由である。物理学者の槌田敦によれば、環境問題の本質は、地球という開放系の処理能力を超えた過剰なエントロピーを人類が生み出した結果、エントロピーを宇宙に捨てきれないでいることにある。これは最終的に地球の生態系や社会を破滅に追い込み、熱的死をもたらす道である。(10)

近代というシステムの作り出した「選択の自由」という呪縛は、不安を拡大し、自己欺瞞を全人類に蔓延させている。自己欺瞞によって自動人形と化した人間は、相互作用することで、巨大な協同現象を作り出す。これが自己増殖する経済システムの正体である。(11)バブルは、この経済の特殊な現象ではない。選択の自由にもとづく経済そのものがバブルである。このシステムが、地球環境の制約を超えてでも爆発的に膨張を続け、人類のみならず、すべての生態系を破壊しようとしている。そこから生じる不安が、さらに自己欺瞞を強化する。

環境問題は、この不安の暴走を止めることでしか解決することができない。それはすなわち、私たちが自動人形であることをやめ、自我に立ち返ることで実現される。

人間を自動人形にする不安は、世代から世代へと連鎖して再生産されている。この再生産過程を停止することが、人類が破滅を逃れるために必要なことである。これは同時に、偽装された共同体が生み出す、果てしない暴力をも停止させる道である。
環境破壊、失業、貧困、格差、国家・民族間の紛争、全体主義、民主主義の形骸化、職場や学校でのいじめ、DV、モラル・ハラスメント、子どもの虐待などの現代の諸問題は、個別のものではない。これらは、すべて不安を紛らわせるための自己欺瞞の帰結であるとともに、それらがさらに不安をひき起こすという悪循環の構成要素である。この不安の悪循環を断ち切ることが、人類の生存を可能にする、唯一の道だと私は考える。

---

(1)安冨歩、「中国の二重通貨制度」。
(2)安冨歩、『貨幣の複雑性』、一五九〜一六一頁。
(3)安冨歩、『貨幣の複雑性』、第二、三章。この本を書いた段階で私は、貨幣の自成を「創発」とよんでいたが、それは間違いであったと今は考えている。
(4)こういった問題意識を持つ研究は限られているが、葛城政明は、クリティカル・リアリズムの論点を摂取しつつ、経済の本質にバブルを見る視点を精緻に展開している。ただし、葛城はそのバブルの果てに社会という実体が創発しうると考えている。この点について私は、現在では創発は個人にしか生じない、と考えている。しかし、私自身、つい最近までは葛城と同じ立場であり、現在でも自分の見解が正しいかどうか、なお議論すべき点だと考えている（Katsuragi, "Bubbles and Economic Theory".）。

(5)グリューン、『「正常さ」という病い』、『人はなぜ憎しみを抱くのか』。

(6)グリューン、『「正常さ」という病い』、『人はなぜ憎しみを抱くのか』／ミラー、『魂の殺人』。

(7)ファノン、『地に呪われたる者』。

(8)長崎暢子、『ガンディー』。

(9)ミラー、『魂の殺人』。

(10)槌田敦、『熱学外論』。

(11)Katsuragi, "Bubbles and Economic Theory".

終章●生きるための経済学——ネクロエコノミーからビオエコノミーへ

自由の牢獄のなかの経済

本章では、これまでの議論を振り返るとともに、それが経済学にとって持つ意味を考える。その上で、私たちはどうすべきなのか、というより大きな問題について、現在のところ私が摑んでいるいくつかの糸口を提示したい。

本書が最初に明らかにしたことは、現代の市場経済学が、相対性理論の否定、熱力学第二法則の否定、因果律の否定という、少なくとも三つの物理学の根本法則の否定の上に成り立っている、ということである。フリードマンの「道具主義」という欺瞞が、この問題を覆い隠す役割を果たしている。

このように、物理法則とさえ整合性を欠いている理論が、世界中で信奉されているのはなぜか。それは、この理論が自由の守護神であり、それを放棄することは、自由を放棄することになる、と人々が恐れているからではないか。

ではこの理論が守る「自由」とは何か。この理論の前提とする自由の実像は、「選択の自由」である。それは経済理論に限らず、さまざまの場面で見い出される基本的な考え方であり、西欧的文脈に通底している。人間は岐路に立ち、そこで選択する能力を与えられているがゆえに、自然に支配される動物と異なり、自然を支配しうる、というのである。そして、選択肢が十分に与えられている状態が「自由」であり、そのときに選んだ選択肢がもたらす結果は、その人自身が責任を持って引き受けねばならない、とされる。

この物語はしかし、たんなる神話にすぎない。その原型は、アダムとイブとが智恵の木の実を食べるという選択を行い、エデンの園を追い出されたという失楽園の神話に、明瞭に見てとることができる。この神話の楽園が「共同体」に投影され、そこから抜け出して選択の自由を得た近代的個人が、そのかわりに紐帯を喪失して不安になる、という二番煎じの神話が生まれる。そしてこの選択の自由の行使によって形成されるのが、「市場《シジョウ》」である。

現代自由主義思想に大きな影響を与えた政治学者アイザィア・バーリンが、一九五八年にオックスフォード大学で行なった「二つの自由概念」という有名な講演は、「われわれの先祖がなんのわずらいもなくエデンの園にとどまっていられたとしたら」、自由などについて論じる必要はなかったであろう、という発言からはじまっている。さらに、「もしも人間によってこの地上に実現しうるある完全な状態において、人間の追求するいかなる目的も相互に矛盾・衝突することがないという保証があるとしたら、選択の必要も選択の苦しみもなくなってしまい、それとともに選択の自由というものの重要な意義も失われてしまうことになるであろう」と述べてもいる。(1) これらの表現は、「エデンの園」と「選択の自由」との関係を端的に示している。

しかし、選択の自由は、行使不能な自由である。というのも、世界を生きる上で、可能な選択肢はつねに無数にあり、しかもその選択がもたらす結果は、非線形性のゆえにしばしば予測しえないからである。このような巨大なアミダ籤《くじ》を引いて、自分の運命を決めよ、と言われる状態は、「自由の牢獄」というにふさわしい。ここから、神や全体性への盲目的服従という暴走も起こる。

真にこの牢獄から抜け出すには、私たちは自らの身体の持つ「創発」する力を信じる必要がある。この力は生命の持つ、生きるためのダイナミクスでもある。このダイナミクスを信じ、そのままに生き、望む方向にそれを展開させ、成長させるとき、人間は積極的な意味で「自由」たりうる。

このダイナミクスを信じないで、意識のなかでの合理的計算のみに頼ろうとすると、明示的次元と暗黙の次元とが乖離《かいり》する。この乖離は、外部から規範や価値を押しつけられ、自分自身の感覚を否定され、さらにそれが攻撃ではないという二重の否定を受けることで生じる。これがハラスメントである。

自分自身の感覚という、世界を生きるための羅針盤を破壊されると、人は不安になる。そしてまた、考えている通りの姿ではない自分に嫌悪感を抱く。この不安と自己嫌悪を覆い隠すべく、人は自己欺瞞に陥るが、それはさらなる乖離をひき起こし、不安を拡大する。

自己欺瞞という隠蔽工作は、自分自身の価値を他人に認めさせることにより、失われた自我を補塡する行為に人間を駆り立てる。これがスミスの言う「虚栄」である。虚栄とは、他人よりも自分がよりよいことを自分に示そうとするものであるがゆえに、際限がない。こうして人間の欲望は無限大となり、人々はつねに「希少資源」を争って利己的となる。

利己心は、創発を信じない。信じるのは今すでにあるものの奪い合いだけである。それゆえ、利己的な人が目指すものは、自分が現在持っているものを運用し、自分の利己心をもっともよく満たす方法を選択し実行することである。このとき、他者は自分の道具となる。

この選択に際して、ありうる方法のすべてが実行できるなら、それを「選択の自由」が与えられていると言う。もしいくつかの方法が禁じられていれば、それは「不自由」である。すなわち、利己心にとって、選択の自由は不可欠である。利己的な人に選択の自由が与えられているなら、その人は自らの効用の最適化を目指す。これが現代の経済理論の立脚する基盤である。

しかし、くり返すがこの基盤は最初から崩壊している。なぜなら、可能な無数の選択肢のなかから、予算制約の範囲内で最適な選択肢を選び出すために必要な計算量が膨大であり、有限時間内では実行不可能だからである。また、そうやってせっかく選んだ選択肢も、非線形的な世界では、思い通りの結果をもたらすこともない。こうして選択の自由は、自由の牢獄に転じる。

主体性を欠いた経済人の行き先

現代経済学の奇妙な点は、ほかにもある。それは、「選択理論」を名乗りながら、経済理論に登場する主体には、選択の自由が与えられているように見えない点である。というのも、個々の主体が、初期にどのような財を保有しているかは所与であり、その上、どのような選択をするかを決める効用関数（市場参加主体が獲得する効用の総量を、財とサービスの関数を示したもの）も所与だからである。この主体のすることといえば、

①外部から与えられた価格表に従って
②外部から与えられた自分の保有財の価格を計算して予算制約を確定し
③外部から与えられた自分の効用関数によって、予算制約を満たすもっとも望ましい財の組み合わせを選定する

というまことに主体性を欠いた受動的行為である。このような経済人はまったくの自動人形にすぎないが、これを経済学者は「自由選択」と呼ぶのである。

この奇妙な物語は、プロテスタンティズムの神学と整合している。人間の行うことはすでに神によって決定されているのであり、自由意志によって選択しているつもりでも、それは結局、神によって事前に決定されたことをなぞっているにすぎない、というあの物語である。そして個人が神と直接に向き合い、その意志にのみ従っている状態こそ、自由であるとする。

現代の市場経済学が、物理法則との整合性をまったく気にしていない理由は、これで明らかだと私は考える。この理論が無意識のうちに気にしているのは、プロテスタンティズムの神学との整合性だけなのであろう。これほどの構造的類似性が偶然の一致とは、到底思えない。

このように人間を自動人形に貶《おとし》め、その自尊心と自立心とを奪い、外部の力に打ちのめされた存在であると思い込ませる思想は、人間の自発性を殺し、自動人形にしてしまう。これはつまり、生きた人間のその生を憎み、動く死体としてとり扱う思想である。このような思想は、生よりも死を志向していると言える。フロムはこれを死に魅入られ、死を志向するものとして「ネクロフィリア（necrophilia）」と呼んでいる。[2]〝necro〟とは、「死」「屍、死体」「壊死」の意味であり、〝-philia〟とは「〜傾向」「〜の病的愛好」という意味である。あわさって、〝necrophilia〟となれば、通常は精神医学用語で「死体愛」「屍姦」を意味する。

以上の論理的連関を簡単に表示すれば、次のようになる。

自己嫌悪→自己欺瞞→虚栄→利己心→選択の自由→最適化

この思考連鎖を私は「ネクロフィリア・エコノミックス」（略して、ネクロ経済学）と呼ぶことにしたい。

死に魅入られた経済学

ネクロ経済学の生みの親であるスミスは、精神的な問題を抱えた人であった。母親の強い束縛のもとに育ち、生涯結婚することもなく母親と二人で住みつづけた。スミスは、突然何かの考えにとりつかれて呆然となったり、あるいは一人ごとを言ってにやにやしたりといった奇行があったことで知られており、特に母親の死後はそれが顕著になったという。

『道徳感情論』の基礎は「同感」という概念であるが、その例示のなかでスミスは奇妙なことを書いている。母親が病気で苦しむ幼児の苦痛について「同感」し、悲哀を感じている場面について記述した上で、次のように言う。


しかしながら、その幼児は、現在の瞬間における不快を感じるだけで、その不快はけっして大きいものではありえない。幼児は、未来についてはは完全に安心しているし、その無思慮と予想欠如のなかに、恐怖と懸念にたいする解毒剤をもっている。恐怖と懸念は、人間の胸の大拷問者であって、幼児が一人前に成長すると、理性と哲学がそれからかれを守るために、無駄な努力をするだろう。(スミス、『道徳感情論』、三三頁)

スミスが述べているのは、幼児にはいかなる恐怖を与えても、どうせ覚えていないから問題ない、という幼児虐待を正当化する誤った危険な考えである。実際には、幼児こそが恐怖に対して敏感であり、あまりに大きな恐怖を受けると、それは全生涯にわたる人格上の歪みに帰結する。

その直後にわざわざ、その幼児が一人前に成長すると恐怖と懸念という「大拷問者(the great tormentors)」を自らのなかに抱えるようになる、と書いており、その上、理性と哲学との力でそれに打ち克とうとして敗北する、と念を押していることは注目に値する。明らかにこれはスミス自身のことである。ということは、この幼児もスミス自身であり、母親もスミスの母親だということになる。
この箇所の主旨は、「ぼくがこんなに苦しいのは、お母さんのせいじゃないんだよ」という、自分の母親に対する弁護であるように思われる。そしてスミスが、何の必然性もないのに、わざわざこんなことを書くということは、幼児のスミスが覚えた恐怖と懸念とが、病気によるものではなく、母親自身に起因することを、無意識が彼に教えるからではなかろうか。その無意識の通知にうろたえて、いやそうではない、悪いのはお母さんじゃない、と自分に言い聞かせるために書いているように私には思える。(3)
実際のところ、その恐怖と懸念とが「大拷問者」となって一人前になったスミスを苦しめているのである。そしてさらに、この文章の直後にスミスは次のように言う。

われわれは死者にさえも同感する。(We sympathize even with the dead.)(スミス、同書、三三一頁)

これは、ネクロフィリア宣言にほかならない。そして、この死者への同感についての長いパラグラフは、次のような文章で締めくくられている。

そしてそこから、人間本性におけるもっとも重要な諸原理の一つである死への恐怖が生じる。

それは、幸福にたいする大きな毒であるが、人類の不正にたいする大きな抑制であって、個人を悩ませ苦しませると同時に、他方では社会を防衛し保護するのである。（スミス、同書、三四頁）

スミスはここで、死者への同感とそこから生じる恐怖こそが社会の秩序をもたらしている、と主張している。秩序をもたらすのは彼のなかの「大拷問者」にほかならない。このような死に魅入られた精神の上に、ネクロ経済学は打ち立てられたのである[4]。

先に言及した政治学者のバーリンは、かの有名な講演のなかで、スミスのことを「人間本性についてのオプティミズム的見解を抱き、また人間の利害の調和の可能性を信じていた哲学者」と表現している。スミスのように精神的苦しみに苛まれ、恐怖と懸念とに脅かされ、死に魅入られていた魂を、このように描写するのはあまりにも不適切である。実際のところスミスは人間本性を信じておらず、大拷問者の「見えざる手」の力を信じていたにすぎない。

この観点からすれば、虚栄と利己心との正当化の上に展開される市場経済が、なぜ人間性の抑圧や環境破壊に帰結するのかは、明らかである。それはそもそも、死に魅入られた経済だからである。現代の経済学は、虚栄のために奔走する利己的主体を基盤とし、そこから生じる依存症的生産消費活動を、「正常」な経済活動とみなし、その帰結である経済発展を望ましいものと肯定している。このような学問は、その創始者たるスミスの衣鉢を継いでおり、それゆえ、ネクロ経済学というにふさわしい。いや、それどころか、その死へと向かう傾向は、二〇世紀後半以降の数理化の進展により、さらに深刻になったということができる。

死を志向する破壊性を止めるために、規制やルールづくり、といった方法にのみ依存することの危険性もまた明らかである。なぜなら死への志向そのものを放置したままであれば、いかなる障害を設けようとも、ネクロフィリア・エコノミーは、その障害をすり抜ける道を探し出して、破滅へと向かうはずだからである。

生命を肯定する

これに対して生を愛好する性向を「ビオフィリア(biophilia)」という。「ビオフィリア・エコノミックス」は、次のような論理的連鎖を持つ。

自愛→自分自身であること(忠恕)→安楽・喜び→自律・自立→積極的自由→創発

生命に引き寄せられる私たちの感覚を肯定するならば、自らの生きるダイナミクスもまた肯定される。これが自愛である。それは自分自身のなかに「もやもやとした」愛を生み出し、溢れ出していく。自分自身を嫌悪せず、自らを愛する者は、自分自身であり続ける。そうする者は、虚栄には反応しない。それは死を示唆する気持ちの悪いものだからである。

自分自身である者は、何をするかは自分で決める。自分自身の内なる声に耳を傾ける者は、独善ではない。なぜなら、内なる声には、周囲の状況への対処がすでに含まれているからである。何をするかを自分で決める者は、自律的である。

自律は自立でもある。経済学者中村尚司の指摘したように、自立とは、他者に依存しない、ということではない。自立とは、多数の他者に依存できる状態をいう[5]。いつでも頼れる人が一〇〇人ほどいれば、誰にも隷属しないでいられる。そのような豊かなネットワークを持つ人こそが、自立した人である。自愛が溢れ出る人であれば、生命を肯定する人々を惹きつけて、豊かなネットワークを作ることができる。

逆に隷属とは、少数の他者にしか依存できないことの帰結である。そのような人は数少ない紐帯を繋ぎとめようとして、ハラスメントを駆使して呪縛したり、あるいは利益を供与したりといった、手練手管を用いる。相手が自分より強いと思えば媚《こ》びへつらい、弱いと思えば支配しようとする。しかしこういう紐帯は見せかけであって、本当に困ったときには、見捨てられる。

自立した人間には、フロムの言う積極的な意味での自由がある。「自由とは、円熟し、完全に生長し、生産的な人のもつ性格構造の一部ともいうべき態度」のことであり、「自由人とは愛情深い、生産的な独立人である。この意味での自由とは、二つの可能な行為から特定の一つを選択することとは何の関係もなく、むしろその人の有する性格構造と関係がある。そしてこの意味では『悪を選択する自由をもたぬ』人は完全な自由人である[6]」。

こうした自由を実現したならば、その人の思考、行為、コミュニケーションには、創発が満ち溢れる。暗黙の次元の作動は妨げられず、柔軟でなめらかに生きることができる。ある人の創発は、別の人の創発を惹起しうる。その創発がまた別の人の創発へと波及し、創発の連鎖が起きるとき、人と人とのあいだ、人と生態系とのあいだに、調和が生まれる。

この調和はもちろん、なごやかなものとは限らない。自由な人の集まりは多様であり、困難に出会ったときには互いに激しく意見をぶつけ合う。ある種の攻撃性は、人間が生きるために大切なことであり、人生に直接間接の好影響を持つ。悪を感じたときに、怒りを覚え、表現することができなければ、自分の周囲の善を守ることなどできない。そういった激しさをともなう多様性のなかの動的な調和こそ、孔子の「和」にほかならない。

こうして展開される創発的コミュニケーションを通じて価値が生み出され、それが人々に分配される。このような経済を「ビオフィリア・エコノミー（ビオ経済）」と呼ぶことにしょう。「生きるための経済学」とは、ネクロ経済の論理を明らかにし、その破壊的側面を抑制し、ビオ経済を活発にするための経済学である。

仁を欲する

ネクロ経済とビオ経済との違いは、何をするか、の違いではない。ネクロ経済にいたる道とビオ経済にいたる道とがあって、どちらを選択するか、「あれか、これか」という問題ではない。このままでは滅びの日が訪れるぞ、悔い改めよ、という話でもない。

両者の違いは、どのようにするか、の違いである。問題は目的でも手段でもなく、過程である。ビオ経済を創出するためになすべきことは、勇気をもって自我をとり戻し、自己嫌悪に根拠のないことを自覚し、「大拷問者」を放逐することである。自分の感覚に従い、自らを愛し、その愛を溢れさせ、生命のダイナミクスを発露させることである。そうすれば進むべき道が眼前に現れる。

このように生きること、このようにあることを「仁」という。では、仁を実現することは、現在のありさまからすると、程遠いことなのであろうか。『論語』には次のような言葉がある。

子曰く、仁 遠からんや。我 仁を欲すれば、斯ち仁 至る。（述而第七、二九）

これは、「子曰く、仁は遠いのであろうか。いや、そうではない。自らが仁たらんと思えば、ただちに仁に到達する」という意味である。フロムが積極的自由について明らかにしたように、それは「態度」の問題である。態度はとるか、とらないか、である。そういう態度をとろうと思ったけれど、とれない、ということはない。仁たらんとする態度をとるなら、それはもう仁である。

(1)バーリン、『自由論』、二九七頁、三八三〜三八四頁。

(2)フロム、『悪について』、一頁。

(3)もちろん、たったこれだけのことで、アダム・スミスの精神的な苦しみの原因が、母親その人にあると断定することはできない。ここで言いうることは、第一に、スミスのこの文章が「母親の子どもへの同感」について議論を進める上で不自然かつ不必要である、ということである。第二に、この箇所のテーマは「母親の子どもへの同感」ではなく、スミス自身の心の煩悶の原因についての自問自答だと考えれば、自然かつ必然である、ということである。スミスは自分の記録が後世に残らないように、滅多に手紙を書かず、その上、さまざまの手紙や文書を死を覚悟したときに償却しており、その真の原因を確定することは不可能に近い。一つの大きな可能性は、スミスが三歳のときに、ジプシーに誘拐されたことがある、という逸話である。この逸話が真実であれば、その事件は少年スミスとその母親に、多大な恐怖と不安とを与えたことは間違いないであろう。この事件がスミス母子の関係に、甚大な衝撃を与えたと考えるのは、理にかなっている。

(4)スミス、『道徳感情論』上巻、三三一~三五頁。学者の著作を、このように幼児期の体験や心理的傾向と直接結びつけて読むことに、抵抗を覚えられる読者も多いと思う。しかし、こういった観点から読むことは大いに有効であり、かつ重要だと私は考えている。このように考えるようになったのは、ミラーの『真実をとく鍵』を読んだからである。この本は学者ではニーチェについて論じている。これと同様のアプローチを学者に対して適用した本として、羽入辰郎『マックス・ヴェーバーの哀しみ』がある。羽入の本に対しては、激しい反発が予想されるので書いておきたいのだが、この本に描かれたヴェーバーの人生に適当な変更を加えると、私の人生になる。ヴェーバーの『プロテスタンティズムの倫理と資本主義の精神』に対する羽入の解釈が正しいかどうかは別にして、この本に描写されたヴェーバーの心理は、私自身の姿に近い。

(5) 中村尚司、「当時者性の探求と参加型開発」。中村尚司は「自立とは何か」という問題を小学生のころから六〇年近く考えてきたという。中村がこの問に対して「自立とは、依存する相手が増えることである」という結論に到達しえたのは、小島直子『口からうんちが出るように手術してください』を読んだからであるという。小島は先天性脳性小児マヒのために手足がほとんど機能しない。彼女はしかし、多くの人に依存することで自立を果たし、一人暮らしを続けており、この書物はその人生の真実が描かれている。中村は「小島の作品を読んでいるうちにようやく、『自立とは依存することだ』と確信を持てるようになった」と書いている。

(6) フロム、『悪について』、一七八頁。

【参考文献】

網野善彦『増補 無縁・公界・楽』、平凡社ライブラリー、一九九六年
イルゴイエンヌ、M『モラル・ハラスメント』高野優訳、紀伊國屋書店、一九九九年
イルゴイエンヌ、M『モラル・ハラスメントが人も会社もダメにする』高野優訳、紀伊國屋書店、二〇〇三年
ヴァリアン、H『入門ミクロ経済学』〔原著第7版〕佐藤隆三監訳、勁草書房、二〇〇七年
エンデ、M『自由の牢獄』田村都志夫訳、岩波現代文庫、二〇〇七年
葛城政明「実証経済学の方法と実在」『大阪外国語大学論集』三三巻、大阪外国語大学、二〇〇五年
加用文男『光る泥だんご』、ひとなる書房、二〇〇一年
木部尚志「自由」『政治概念の歴史的展開』第一巻、古賀敬太編、晃洋書房、二〇〇四年
蔵本由紀『非線形科学』、集英社新書、二〇〇七年
グリューン、A『「正常さ」という病い』馬場謙一・正路妙子訳、青土社、二〇〇一年
グリューン、A『人はなぜ憎しみを抱くのか』上田浩二・渡辺真理訳、集英社新書、二〇〇五年
警察庁『平成一九年版 警察白書』、ぎょうせい、二〇〇七年
孔子『論語』加地伸行全訳注、講談社学術文庫、二〇〇四年
小島直子『口からうんちが出るように手術してください』、コモンズ、二〇〇〇年
塩沢由典『市場の秩序学〜反均衡から複雑系へ』、ちくま学芸文庫、一九九八年
白川静『字統』新訂普及版、平凡社、二〇〇七年

スミス、Ａ『道徳感情論』上巻、水田洋訳、岩波文庫、二〇〇三年
スミス、Ａ『国富論～国の豊かさの本質と原因についての研究』上巻、山岡洋一訳、日本経済新聞出版社、二〇〇七年
田中治男「自由論の歴史的構図」『自由と自由主義～その政治思想的諸相』佐々木毅編、東京大学出版会、一九九五年
ダマシオ、Ａ『生存する脳～心と脳と身体の神秘』田中三彦訳、講談社、二〇〇〇年
槌田敦『熱学外論～生命・環境を含む開放系の熱理論』、朝倉書店、一九九二年
鶴見済『完全自殺マニュアル』、太田出版、一九九四年
ディーネセン、Ｉ『バベットの晩餐会』桝田啓介訳、ちくま文庫、一九九二年
出口剛司『エーリッヒ・フロム～希望なき時代の希望』、新曜社、二〇〇二年
手塚一志『心に火をつけるｋｉｄｓコーチング～投手編』、ベースボール・マガジン社、二〇〇六年
デランティ、Ｇ『コミュニティ～グローバル化と社会理論の変容』山之内靖・伊藤茂訳、ＮＴＴ出版、二〇〇六年
長崎暢子『ガンディー～反近代の実験』、岩波書店、一九九六年
中村尚司「当時者性の探求と参加型開発～スリランカにみる大学の社会貢献活動」『参加型開発～貧しい人々が主役となる開発へ向けて』斎藤文彦編著、日本評論社、二〇〇二年
ナップ、Ｇ『評伝エーリッヒ・フロム』滝沢正樹・木下一哉訳、新評論、一九九四年
野中郁次郎・竹内弘高・梅本勝博『知識創造企業』、東洋経済新報社、一九九六年
バーリン、Ｉ『新装版　自由論』小川晃一ほか共訳、みすず書房、二〇〇〇年
羽入辰郎『マックス・ヴェーバーの哀しみ～一生を母親に貪り喰われた男』、ＰＨＰ新書、二〇〇七年
バリー、Ｎ『自由の正当性～古典的自由主義とリバタリアニズム』足立幸男監訳、木鐸社、一九九〇年

ヒックス、J『価値と資本〜経済理論の若干の基本原理に関する研究』上・下、安井琢磨・熊谷尚夫訳、岩波文庫、一九九五年
ファノン、F『地に呪われたる者』鈴木道彦・浦野衣子訳、みすずライブラリー、一九九六年
フリードマン、M『実証的経済学の方法と展開』佐藤隆三・長谷川啓之訳、富士書房、一九七七年
フロム、E『悪について』鈴木重吉訳、紀伊國屋書店、一九六五年
フロム、E『人生と愛』佐野哲郎・佐野五郎訳、紀伊國屋書店、一九八六年
ベスター、T『築地』和波雅子・福岡伸一訳、木楽舎、二〇〇七年
法務省法務総合研究所『平成一八年版　犯罪白書』、国立印刷局、二〇〇六年
星野力『甦るチューリング〜コンピュータ科学に残された夢』、NTT出版、二〇〇二年
ポランニー、M『個人的知識〜脱批判哲学をめざして』長尾史郎訳、ハーベスト社、一九八六年
ポランニー、M『自由の論理』長尾史郎訳、ハーベスト社、一九八八年
ポランニー、M『創造的想像力（増補版）』慶伊富長訳、ハーベスト社、二〇〇七年
間宮陽介『市場社会の思想史』、中公新書、一九九九年
マランヴォー、E『ミクロ経済理論講義』林敏彦訳、創文社、一九八一年
マルクス、K『資本論　第一巻　第一分冊』マルクス＝エンゲルス全集刊行委員会訳、大月書店、一九六八年
ミラー、A『魂の殺人〜親は子どもに何をしたか』山下公子訳、新曜社、一九八三年
ミラー、A『真実をとく鍵〜作品がうつしだす幼児体験』山下公子訳、新曜社、二〇〇四年
森嶋通夫『資本と信用〜新しい一般均衡理論』森嶋通夫著作集第四巻、安富歩訳、岩波書店、二〇〇四年
安富歩「中国の二重通貨制度」『社会主義経済研究』一五号、社会主義経済研究会、一九九〇年
安富歩『貨幣の複雑性』、創文社、二〇〇〇年

安冨歩『複雑さを生きる』、岩波書店、二〇〇六年
安冨歩・本條晴一郎『ハラスメントは連鎖する』、光文社、二〇〇七年
安冨歩「無縁・貨幣・呪縛」、『貨幣の地域史～中世から近世へ』鈴木公雄編、岩波書店、二〇〇七年
ロック、J「寛容についての書簡」『世界の名著』三二巻、中公バックス、一九八〇年
Bockover, M. ed. *Rules, Rituals, and Responsibility: Essays dedicated to Herbert Fingarette*, Open Court Publishing Company, 1991.
Calvini, J. *Institutio Christianae Religionis*, Editionem curavit A. Tholuk, 1835.
Fingarette, H. *Self in Transformation: Psychoanalysis, Philosophy, and the Life of the Spirit*, Basic Books Inc., 1963.
Fingarette, H. *Self-Deception*, University of California Press, 1969.
Fingarette, H. *Confucius—the secular as sacred*, Harper & Row, 1972.
Fingarette, H. *Mapping Responsibility : Explorations in Mind, Law, Myth and Culture*, Open Court Publishing Company, 2004.
Fromm, E. *Escape from freedom*, Farrar & Rinehart, inc., 1941.
Hodges, A. *Alan Turing : the enigma*, Simon and Schuster, 1983.
Hodges, A. *Turing*, Weidenfeld & Nicholson, 1997.
Katsuragi, M., "Bubbles and Economic Theory", *mimeo*, 2008.
Oono, *Y.* "Integrative Natural History I", *mimeo*, 2008.
Polanyi, M. *Tacit Dimension*, Peter Smith, 1983.

あとがき

私が経済学に最初に疑問を抱いたのは、おそらく、中学生のころだと思う。「公民」の時間に、需要曲線と供給曲線との交点で価格が決定される、という話を聞いて、唖然としたのである。たとえばある価格でミカンの供給が一〇〇個あるとしよう。ところがその価格では需要は七〇個しかない。すると価格が下がって、供給が九〇個に減る。こういった説明を聞いた瞬間に、ちょっと待ってくれ、さっきは一〇〇個ミカンがあったのに、それをどうやって、九〇個にするんだ、と思って面食らってしまった。

あとから先生に質問に行って理解しようとしたが、その説明はしどろもどろであって、まったく理解できなかった。今から思えば、価格決定という過程が「模索時間」の話であって、現実時間の話ではないことを、先生もわかっていなかったのである。

大学に入って「模索」という話を習って、なるほどそういうことであったか、と一応は納得した。しかしそれでは、「模索時間」とはいったい何なのかという疑問が湧いた。この不思議な時間と現実の時間とは、どういう関係になっているのか。そしてこの質問は、誰に聞いても、どの本を見ても、納得のいく説明は得られず、まったく理解することができなかった。

今思えばこれは、アカデミズムの常套手段の一つに直面していたことがわかる。話の都合の悪い部分を「前提」に入れてしまって、その前提がどれほどおかしいかについては、同じ業界の内部では考えないことにするのである。こうして一つの分野には、最低一つの「盲点」が生じることになる。私は学問分野というのは、この盲点によって定義され、その共有によって成立すると考えている。

こう考えると、学際研究がなぜ成功しないかがすぐに理解できる。たとえば経済学者と生態学者とで、互いの分野を尊重しながら共同研究をやろうとすると、何が起きるであろうか。双方の知識が組み合わさって新しい視野が開けるかというと、そうはならない。逆に、両者の盲点が共に幅を利かせるようになるので、単独でやっている場合よりも、世界が余計に見えなくなるのである。

そういうわけで私は、自分の盲点を消すために、さまざまの学問分野を渡り歩く遍歴を開始した。いや、自分がそういう目的を持っていたことに気づいたのは最近のことである。私がそのような旅に出たのは、暗黙の次元の導きによるものであった。経済学を振り出しに、歴史学、物理学、計算機科学、数理生態学、人類学、社会学、経営学、環境学、心理学、東洋思想などの分野を渡り歩き、それぞれの分野の盲点がどこにあるのかを考えてきた。

本書はその遍歴の果てに見えた、アカデミズム全体、あるいは近代そのものの持つ、最大の盲点についての考察の報告書であり、またその地平からの経済学への根本的な批判の書である。

端的に言えばその最大の盲点とは、「自分の感覚を信じてはいけない」という脅しである。というのも、学問とは表向きには、「懐疑」あるいは「批判」の上に成り立っているのであって、何かを「信じる」などということは、いけないこととされているのである。

ところが実際には、何も信じないで思索をすることなど、できはしない。それゆえ、無意識では何かを信じ、意識ではすべてを疑っているフリをすることになる。これは、無意識と意識とを乖離させる、「自己欺瞞」という危険な状態である。ということは、学問全体、あるいはその上に構築されている近代の思考の全体が、この巨大な自己欺瞞を基礎としていることになる。

この懐疑という欺瞞の上に、「選択」という概念が構築される。いろいろ可能な「選択肢」を疑ってみて、一番、疑いにくいものを選ぶ、というのが、人間が動物とちがっている、あるいは、近代人が前近代人とちがっている、立派な点だと考えるわけである。こうして経済学は、「選択の自由」を基盤に構築された。

私の考えでは、懐疑と選択とは、現代社会の危機をもたらしている、本質的な盲点である。この盲点を抱えたままで、いかなる思考を展開し、いかなる対策を立案しても、死に魅入られて、破滅へと向かう人類社会の衝動を止めることはできない。

私たちは、生命を肯定し、自分の感覚を信じ、自分を愛し、その愛を溢れさせ、そこから見えてくる分岐なき道を進む必要がある。このような「仁」の道を見出さねばならない。学問とは、そのような生命を肯定する道を進む人の、手助けをする知恵の体系とならねばならない。この本を書き上げた今、私はそのように感じている。

*

本書が読者として想定したのは、まず第一に、これから経済学を学ぼうとしている方々である。その方々に、大学で教えられる「ミクロ経済学」も「マクロ経済学」も、みんな「ネクロ経済学」であることを警告しておきたいからである。ネクロ経済学というのは、「死に魅入られた経済学」という意味である。このような学問に無自覚のまま浸ってしまうと、自分をも世界をも破滅させる衝動を身に帯びてしまうことになる。現代社会が直面している環境破壊をはじめとする危機的な諸問題は、この死への衝動がひき起こしているものだと私は考える。

これから経済学を学ぶ若い人々には、そのようなものにお付き合いするのではなく、自らの生命を肯定し、人類を危機から救い出す、生を志向する経済学たる「ビオ経済学」を開拓していただきたいと願っている。

第二に想定したのは、経済学を知らないし、興味もないけれど、経済活動に巻き込まれ、ときに生きづらさを感じておられる、サラリーマン、官僚、事業家、主婦、ＮＰＯ参加者といった方々である。これらの方々は、テレビや新聞や雑誌や書籍で、選択の自由であるとか、グローバル化であるとか、ボーダーレス化であるとか、そういった概念が飛び交っているのを目にしておられるはずである。そういったものが、自分たちの暮らしや活動に、どういう影響があるのか、はかりかねて不安を抱いておられるのではないかと想像する。本書は、そういった方々が、その不安に根拠がないことを理解し、また自分自身の感覚を信じて生きることの重要性を確認していただくための、手助けになることを目指している。

第三に想定したのは、経済学の専門家である。これらの方々は、真摯に経済学を学び、研究してこられた。そのなかで、自分たちの思索の基盤が、何か変だな、と少しは感じた記憶がおありだと思う。多くの方々はそれに蓋をして、その上に多彩な学問的知識を積み上げてこられたはずである。

しかし、私には、それができなかった。私は、その変だなという感じについて、ずっと考え続けてきた。経済学を専門とする方々に、かつて感じたその変な感じを、本書を読んで思い出していただきたいと願っている。そしてできれば、その変な感じを乗り越えるための道を、共に進んでいただきたい、旅の仲間となっていただきたいと願っている。

＊

なお外国文献について、すでに邦訳のあるものはそれぞれ利用させていただき、邦訳のないものについては著者が翻訳した。ただし、フロム『自由からの逃走』(*Escape from Freedom*)とフィンガレット『孔子』(*Confucius*)については、本書の議論の根幹をなすため、地の文との整合性を重視して、既存の邦訳を用いず、原本より著者が翻訳した。

＊

本書にいたる研究の過程で、科学研究費補助金基盤B「魂の脱植民地化」（代表者安冨歩）、全国銀行学術研究振興財団「マーケットからバーザールへ～多文化経済学の試み～」（代表者安冨歩）、大日本印刷「創発フォーラム」の支援を受けた。記して感謝したい。

＊

本書にいたるまでの旅のなかで、お世話になった方は数多い。ここでは、その成立に直接関与してくださった方々のみを挙げさせていただく。

本書の編集担当者であるNHK出版の井本光俊氏は、私の大学の授業に何度も足を運び、どういう本をイメージすべきかについて、真剣に考え続けてくださった。氏と対話しつつ書き進めるうちに、私のなかで思いもしない学問的展開が次から次へと生じ、「市場」と「共同体」とを深い水準で論じる本書ができあがった。それは氏と私とが元来抱いていたイメージとはずいぶん異なるが、はるかに本質に踏み込むものとなったと私は思う。

本書の執筆の最終段階は、品川のラフォーレ東京というホテルでなされた。このホテルは敷地内にあった林を、かなりの程度そのまま残した美しい庭園を持っている。しかも、個々のホテルマンが自分自身の感覚を信じ、客に媚びることもなく、抑えつけることもなく、自然に気持ちよく柔軟に対応してくださっている。このマネジメントは、創発的経営の手本とも言える。ネクロポリス東京のなかのオアシスともいうべきこの創発のビオトープのもたらす精気のおかげで、私は本書を完成に漕ぎ着けることができた。このホテルを運営されている皆さんに感謝したい。

本書で展開している思想は、私が職場としている国立大学のような硬い組織の事務体系と、必ずしも整合していない。そのため、私が何かしでかすたびに、東京大学東洋文化研究所の佐沼繁治事務長以下の事務職員の方々には、さまざまの面倒をおかけした。このような厄介な研究者を、サポートしてくださっていることに、この場をかりて、お礼申し上げたい。

本書はエーリッヒ・フロムの議論に多くをよっているが、わたしは昨年末まで、迂闊にもその重要性に気づかずにいた。それを教えてくださったのは、イリノイ大学物理学科およびゲノム生物学研究所の大野克嗣教授である。大野氏は、十数年来、複雑系科学に批判的であり、生命が計算機で本質を衡きうる範囲を超えていることを、指摘してこられた。大野氏に『ハラスメントは連鎖する』をお送りしたところ、フロムの思想との関連性を指示された。そこで私は『自由からの逃走』を読み、深い衝撃を受け、本書の構想が一気に完成したのである。

大阪大学大学院経済学研究科の葛城政明准教授は、私の大学院時代の同級生であり、それ以来の共同研究者である。葛城氏は、私のような乱暴者とは違い、着実かつ堅実に研究を推進しておられるが、目指す方向はつねに共鳴し続けている。本書の成立に際しては、私の原稿を夏休み明けと、冬休み明けの段階で丁寧にお読みいただき、多くの有益な助言と、貴重な励ましを与えてくださった。特に、最終章を書きあぐねているときに、この本の議論が持つ経済学にとっての意味を再確認してはどうか、という助言をいただいたことで、一気に仕上げることができた。

同じく大阪大学大学院経済学研究科の深尾葉子准教授は、本書の核心となる思想を構築するにあたって、多くの示唆を与え、また本書の執筆のさまざまな段階で、適切な助言と方向性の示唆を与えてくださった。ここに明記しておきたいのだが、中国という「共同体」を欠いた社会の存在が持つ思想上の意義に注目し、社会科学が深くとらわれている呪縛をとく手がかりとすることの重要性を指摘されたのは、深尾氏である。氏との共同研究を通じて「共同体」という色眼鏡を外すことではじめて、「選択」という概念もまた色眼鏡に過ぎないことに私は気づくことができた。この視点の獲得により、私は中学生以来の疑問を、ようやくにして解くことができたのである。

二〇〇八年二月　品川にて

安冨　歩

安冨　歩――やすとみ・あゆむ

●1963年生まれ。京都大学大学院経済学研究科修士課程修了。博士（経済学）。京都大学人文科学研究所助手、名古屋大学情報文化学部助教授、東京大学大学院総合文化研究科・情報学環助教授を経て、現在、東京大学東洋文化研究所教授。
●著書に『「満洲国」の金融』『貨幣の複雑性』（以上、創文社）、『複雑さを生きる』『経済学の船出』（以上、一月万冊）、『原発危機と「東大話法」』『誰が星の王子さまを殺したのか』（以上、明石書店）、『生きる技法』（青灯社）、『生きるための論語』（ちくま新書）、『老子の教え』（Discover 21）ほか。

NHKブックス［1107］

生きるための経済学　〈選択の自由〉からの脱却

2008年3月30日　第1刷発行
2020年9月5日　第6刷発行

著　者　安冨　歩

発行者　森永公紀

発行所　NHK出版

東京都渋谷区宇田川町 41-1　郵便番号 150-8081
電話　0570-009-321（問い合わせ）　0570-000-321（注文）
ホームページ https://www.nhk-book.co.jp
振替 00110-1-49701
［印刷］啓文堂　［製本］三森製本所　［装幀］倉田明典

落丁本・乱丁本はお取り替えいたします。
定価はカバーに表示してあります。
ISBN978-4-14-091107-5 C1333

NHK BOOKS

＊政治・法律

国家論―日本社会をどう強化するか― 佐藤　優
マルチチュード―〈帝国〉時代の戦争と民主主義―(上)(下) アントニオ・ネグリ／マイケル・ハート
コモンウェルス―〈帝国〉を超える革命論―(上)(下) アントニオ・ネグリ／マイケル・ハート
叛逆―マルチチュードの民主主義宣言― アントニオ・ネグリ／マイケル・ハート
ポピュリズムを考える―民主主義への再入門― 吉田　徹
中東　新秩序の形成―「アラブの春」を超えて― 山内昌之
「デモ」とは何か―変貌する直接民主主義― 五野井郁夫
権力移行―何が政治を安定させるのか― 牧原　出
国家緊急権 橋爪大三郎
自民党政治の変容 中北浩爾
未承認国家と覇権なき世界 廣瀬陽子
安全保障を問いなおす―「九条―安保体制」を越えて― 添谷芳秀
アメリカ大統領制の現在―権限の弱さをどう乗り越えるか― 待鳥聡史
日本とフランス　「官僚国家」の戦後史 大嶽秀夫

＊経済

考える技術としての統計学―生活・ビジネス・投資に生かす― 飯田泰之
生きるための経済学―〈選択の自由〉からの脱却― 安冨　歩
資本主義はどこへ向かうのか―内部化する市場と自由投資主義― 西部　忠
ドル・円・ユーロの正体―市場心理と通貨の興亡― 坂田豊光
雇用再生―持続可能な働き方を考える― 清家　篤
希望の日本農業論 大泉一貫
資本主義はいかに衰退するのか―ミーゼス、ハイエク、そしてシュンペーター― 根井雅弘

※在庫品切れの際はご容赦下さい。